D1675031

Anne-Katrin Haubold

Onboarding neuer Führungskräfte
Möglichkeiten und Nutzen gezielter Personalintegration

Diplomica® Verlag GmbH

Haubold, Anne-Katrin: Onboarding neuer Führungskräfte: Möglichkeiten und Nutzen gezielter Personalintegration, Hamburg, Diplomica Verlag GmbH 2011
Originaltitel der Abschlussarbeit: Personalintegration auf Führungsebene – (k)eine Aufgabe des HR-Managements? Darstellung und kritische Würdigung verhaltenstheoretischer Grundlagen und unternehmenspraktischer Konsequenzen

ISBN: 978-3-86341-060-5
Druck Diplomica® Verlag GmbH, Hamburg, 2011
Zugl. FernUniversität Hagen, Hagen, Deutschland, Diplomarbeit, 2009

Bibliografische Information der Deutschen Nationalbibliothek:
Die Deutsche Nationalbibliothek verzeichnet diese Publikation in der Deutschen Nationalbibliografie;
detaillierte bibliografische Daten sind im Internet über http://dnb.d-nb.de abrufbar.

Die digitale Ausgabe (eBook-Ausgabe) dieses Titels trägt die ISBN 978-3-86341-560-0 und kann über den Handel oder den Verlag bezogen werden.

Inhaltsverzeichnis

1. Einleitung

„Bei uns ist das nicht Brauch, dass man jedem Neueintretenden besondere Instruktionen gibt. Wer arbeiten will, findet hier genug Arbeit"

Werner von Siemens, 1882 (zit. n. Kocka, 1969, S. 297)

Personal-Experten konstatieren, dass Werner von Siemens Auffassung auch nach mehr als 100 Jahren noch in vielen Unternehmen praktiziert wird – im Vergleich zur zeitlich vorgelagerten Phase der Personalakquisition, werden relativ wenig betriebliche Ressourcen in die Eingliederung von neu eingestellten Mitarbeitern investiert (vgl. Verfürth, 2008, S. 133, Schanz, 2000, S. 397). Diese unterschiedliche Gewichtung dürfte in Bezug auf neu eingestellte Führungskräfte besonders ausgeprägt sein, hält man sich vor Augen, dass zur Personalgewinnung im Managementbereich häufig keine Kosten und Mühen gescheut werden. Petersen (2007, S. 26) etwa veranschlagt die Rekrutierungskosten von Managern mit 150.000 bis 400.000 Euro. Dieser Umstand ist für sich genommen kein Grund, an der gängigen Praxis zu rütteln. Die Tatsache allerdings, dass amerikanischen Angaben zufolge zwischen 30 und 50 Prozent aller neu eingestellten Führungskräfte nach spätestens 18 Monaten ihren neuen Arbeitgeber wieder verlassen, lässt vermuten, dass die Personalintegration in vielen Unternehmen nicht optimal verläuft (Mercer Delta Consulting, 2006, S. 5).

Angesichts dieser Zahlen stellt sich die Frage nach den Gründen, warum Führungskräfte in der Einarbeitungsphase scheitern. In der Literatur wird diesbezüglich auf organisatorische Defizite verwiesen, namentlich die fehlende Strukturierung des Einarbeitungsprozesses und die schwierige Zuordenbarkeit der Integrationsaufgabe zu einer Fachabteilung innerhalb des Unternehmens (vgl. Petersen, 2007, S. 27). Neben diesen organisatorischen Aspekten spielt jedoch auch eine Rolle, dass der Bedarf an Integrationshilfen für neue Führungskräfte sehr unterschiedlich bewertet wird. Folgende Passage aus einem Praktiker-Handbuch zur Personalintegration illustriert diese Auffassung (Brenner, Brenner, 2001, S. 32f.):

„Führungskräfte verfügen in der Regel über umfangreiche berufliche Erfahrung. Ihre Persönlichkeit hat sich über die Jahre gefestigt, sie haben die Sonnen- und Schattenseiten des Berufslebens kennengelernt und verfügen über ein hohes Maß an Urteilsfähigkeit. Sie sind es gewohnt, komplexe und richtungsweisende Entscheidungen eigenverantwortlich zu treffen und haben den Prozess der Einarbeitung und Integration in ein neues Unternehmen in der Regel mehrfach durchlaufen. Sie benötigen in erster Linie klare Zielvorgaben, um ihren neuen Verantwortungsbereich im Sinne der Unternehmensziele und Werte gestalten zu können."

Die nachfolgende Arbeit verfolgt zwei Zielrichtungen. Zum einen soll sie klären, ob der Auffassung der fehlenden Notwendigkeit einer dezidierten Führungskräfteintegration aus einer verhaltenswissenschaftlichen Perspektive heraus gefolgt werden kann. Zu diesem Zweck folgt nach einer kurzen begrifflichen Eingrenzung des Gegenstands dieser Arbeit (vgl. Kapitel 2) die Auseinandersetzung mit relevanten verhaltenswissenschaftlichen Ansätzen zur Klärung der Integrationsnotwendigkeit neu eingestellter Führungskräfte in das Unternehmen (vgl. Kapitel 3). Auf Basis dieser Erkenntnisse sollen mögliche Instrumente der Personalintegration auf Führungsebene diskutiert werden (vgl. Kapitel 4). Zum anderen soll diese Arbeit klären, inwieweit Führungskräfteintegration, in welchem Ausmaß sie auch immer praktiziert wird, eine Aufgabe des HR-Managements und/oder des direkten Vorgesetzten der neuen Führungskraft ist Das fünfte Kapitel widmet sich diesem weiter oben bereits angesprochenen organisatorisch-strukturellen Aspekt der Integrationsthematik. Hier sind unterschiedliche Modelle – von der vollständigen Heraushaltung der Personalabteilung bis hin zur Rolle als alleiniger „Integrationsmanager" – denkbar. Die Arbeit schließt mit einem kurzen Resümee und einem Ausblick hinsichtlich des weiteren Forschungsbedarfs.

2. Personalintegration – definitorische Basis

Unter dem Begriff der Personalintegration sollen im Folgenden alle Aktivitäten verstanden werden, deren Ziel es ist, einen neuen Beschäftigten in den Arbeitskontext einzugliedern (vgl. ähnlich Bardens, 1992, S. 5). In der Literatur finden sich für dieses Aktivitätenbündel auch andere Begrifflichkeiten. So sprechen Kieser, Nagel, Krüger und Hippler (1990, S. 1ff.) von Eingliederungsprozess (ebenso Schanz, 2000, S. 397ff.), Maier (2008, S. 56ff.) von der Mitarbeitereinführung. Gebräuchlich sind auch in der deutschsprachigen Literatur die dem Englischen entlehnten Begriffe Inplacement (Brenner, Brenner, 2001; Ströker, 2007, S.6ff.) und Induktionsprogramm (Stiefel, 1979). Diese Begriffe werden im Folgenden als Synonyma betrachtet.

Die dezidierte Planung und Durchführung von Personalintegrationsmaßnahmen hat zum Ziel, dass Mitarbeiter schnell und effizient eine vollwertige Mitgliedschaft im Unternehmen übernehmen (Stiefel, 1979, S. 12) und damit innerhalb kurzer Frist eigenständig dem Unternehmensstandard entsprechende Leistungen erbringen können (Bardens, 1992, S. 8).

Zu den Integrationsmaßnahmen zählen zum einen Organisatorisches und Formalia, etwa die Bereitstellung der benötigten Arbeitsmittel wie Telefon und PC, die Zusammenstellung von Informationen über Betriebsstruktur, Ansprechpartner, generelle Abläufe sowie die Information der Kollegen und weiterer Kontaktpersonen über Eintrittstermin und Aufgabengebiet des neu eingestellten Mitarbeiters. Zu diesen Aspekten finden sich in der Literatur eine Fülle von Checklisten (etwa in Maier, 2008) und Broschüren (etwa Brenner, Brenner, 2001), die dem Unternehmenspraktiker die Organisation dieser Aktivitäten erleichtern sollen.

Weiterhin können zur Personalintegration auch Maßnahmen der Einarbeitung im engeren Sinne gezählt werden (vgl. etwa Bardens, 1992, S. 6). Hier geht es darum, innerhalb eines klar definierten Zeitraumes den neuen Beschäftigten inhaltlich in sein neues Tätigkeitsfeld einzuführen. Dies kann durch Schulungsmaßnahmen direkt am Arbeitsplatz, durch Seminarveranstaltungen und bzw. oder externe Schulungsangebote vollzogen werden. Häufig werden die genannten Trainingsarten kombiniert und in einen Einführungsplan systematisch eingebettet (vgl. Maier, 2008, S. 56). Umfassendere Einführungsprogramme beinhalten zudem Personalentwicklungsmaßnahmen wie den Aufbau eines Mentorenprogramms für neue Mitarbeiter (vgl. Schanz, 2000, S. 404), das Engagement eines externen Coaches oder auch die Einbindung des „Neuen" in unternehmensnahe soziale Aktivitäten wie Betriebssportgemeinschaften (vgl. Mess, 2008).

Das dargestellte Portfolio an Integrationsmaßnahmen macht die Vielfalt der Gestaltungsmöglichkeiten eines Personalintegrationsprogramms deutlich. Ebenso unterschiedlich kann die zeitliche Ausgestaltung der Einführungsphase gehandhabt werden. Sie kann von einer kurzen Einweisung bei Arbeitsaufnahme, wie bei gering qualifizierten Tätigkeiten etwa im Dienstleistungsbereich allgemein üblich, bis hin zu mehrmonatigen Einstiegsprogrammen reichen (etwa das „100-Tage-Programm" von American Express, vgl. Petersen, 2007). Einige verhaltenswissenschaftlich orientierte Autoren weisen dabei darauf hin, dass der Personalintegrationsprozess schon vor dem ersten Arbeitstag beginnt. Porter, Lawler und Hackman (1975, S. 163f.) bezeichnen diese Phase als „prearrival", andere Autoren sprechen von der „antizipatorischen Sozialisation" (u.a. Kieser, Nagel, Krüger, Hippler, 1990, S. 6ff.). Grundgedanke ist hier, dass der neue Mitarbeiter bei Stellenantritt bereits bestimmte Einstellungen und Erwartungen mitbringt. Auf diese Kognitionen kann das Unternehmen schon im Personalakquisitionsprozess Einfluss nehmen im Sinne der Vorbereitung einer möglicherweise nachfolgenden Personalintegration (vgl. genauer Lawler 1973, S. 98ff.).

Die Personalintegration kann über weite Strecken auch ungesteuert vollzogen werden, indem der Einstieg den Selbstorganisationsfähigkeiten des „Neuen" überlassen wird. Dies bedeutet für die neu eingestellte Führungskraft, dass sie in den ersten Wochen ihrer Tätigkeit einen substanziellen Zeitanteil mit der Beschaffung von Informationen und Arbeitsressourcen verbringt. Darüber hinaus müssen auch die Kollegen und Vorgesetzten ihre zeitlichen Ressourcen einbringen: Um Fragen des neuen Managers zu beantworten und mit Informationen auszuhelfen, müssen sie ihre eigenen Arbeitsabläufe unterbrechen (vgl. Bardens, 1992, S. 8).

Wie der Titel der vorliegenden Arbeit bereits zeigt, fokussieren sich die nachfolgenden Ausführungen auf die Integration einer bestimmten Mitarbeitergruppe, nämlich der Führungskräfte. Unter einer Führungskraft soll im Folgenden ein Mitarbeiter mit Personalverantwortung verstanden werden (vgl. ähnlich Ulrich, Fluri, 1988, S. 37). Besonders bedeutsam ist die Gruppe der Führungskräfte innerhalb der Personalintegrationsthematik aufgrund der Tatsache, dass eine fehlgeschlagene Integration einer Führungskraft das Unternehmen teuer zu stehen kommt: Neben den hohen Kosten der Personalakquisition kommen die hohen direkten Personalkosten zum Tragen, für die eine frustrierte und innerlich gekündigte Führungskraft keinen Gegenwert im Sinne von Arbeitsergebnissen bieten wird. Weiterhin spielt eine Rolle, dass die Führungskraft aufgrund der ihr übertragenen Personalführung die ihr unterstellten Mitarbeiter negativ beeinflussen kann. Im schlimmsten Fall könnte ein arbeitsunzufriedener Manager wichtige Mitarbeiter davon überzeugen, mit ihm zusammen zu einem neuen Arbeitgeber zu wechseln (vgl. etwa das Beispiel des ehemaligen Finanzvorstands der Bank of America, Al de Molina, der nach nur kurzer Zeit gleichzeitig mit acht seiner Mitarbeiter zum Finanzinvestor GMAC wechselte; vgl. de Zube in EFinancialCarreers, 11.6.2009).

Die neu eingestellte Führungskraft besetzt im Zuge des Integrationsprozesses damit zwei Rollen: Zum einen ist sie Integrationsobjekt in dem Sinne, dass die Integrationsbemühungen des Unternehmens darauf gerichtet sind, ihr bei der Eingliederung in den Arbeitskontext zu helfen. In diese Bemühungen ist der disziplinarische Vorgesetzte der neuen Führungskraft in aller Regel eingebunden (vgl. Brenner, Brenner, 2001, S. 33). Zum anderen ist sie Integrationssubjekt in dem Sinne, dass sie bei der nächsten Stellenbesetzung in ihrem Personalverantwortungsbereich die Rolle des „betreuenden" Vorgesetzten selbst einnimmt. Für die Führungskraft ergibt sich daraus ein besonderes Interesse, möglichst schnell und effizient die Integrationsphase zu durchlaufen.

3 Theoretische Sichtweisen auf das Phänomen der Personalintegration

Wie die vorangegangenen Ausführungen haben anklingen lassen, liegt der Schwerpunkt der Literatur zur Personalintegrationsthematik auf Praxisratgebern. Diese praxeologische Herangehensweise ist weder falsch noch überflüssig, liefert sie den mit der Personalintegration Betrauten in den Unternehmen doch hilfreiche Hinweise zur Umsetzung entsprechender Maßnahmen. Allerdings enthält ein solcher Ansatz keine Erklärungsmodelle etwa zu der Frage, warum sich die am Personalintegrationsprozess Beteiligten in bestimmter Weise verhalten, um daraus abzuleiten, mittels welcher Maßnahmen dieses Verhalten in die dem Unternehmenszweck dienliche Richtung gelenkt werden kann.

Solche Erklärungsmodelle hält der verhaltenswissenschaftliche Ansatz bereit. Ein wesentliches Merkmal des verhaltenstheoretischen Programms ist, dass es betriebswirtschaftliche Fragestellungen als „vom Menschen herkommend" (Schanz, 1977, S.4) betrachtet. Erklärungsmodelle dieses Ansatzes sind folglich um das Individuum zentriert. Die theoretische Basis für diese Modelle lassen sich den Wirtschaftswissenschaften ebenso wie den Sozialwissenschaften entlehnen. Die Abgrenzung zwischen diesen Wissenschaftsdisziplinen ist dabei von nachrangiger Bedeutung, ja kann sogar als historisches Zufallsprodukt betrachtet werden, da sich in letzter Konsequenz beide genannten Wissenschaftsdisziplinen mit sozialem Verhalten beschäftigen (Albert, 1967, S. 59). Im Vordergrund der Betrachtung steht im verhaltenstheoretischen Ansatz das individuelle Verhalten von Personen in Organisationen. Dabei wird der soziale Kontext als Bündel von Rahmenbedingungen mit (potenziell) kausalem Einfluss auf das Verhalten verstanden (Schanz, 1990, S. 46).

Nachfolgend sollen zwei Forschungsansätze vorgestellt und hinsichtlich ihres Aussagegehaltes für die Thematik der Personalintegration untersucht werden. Die soziologische Sozialisationsforschung kann auf eine längere Geschichte zurückblicken und hat entsprechend bereits vielfältige Forschungsergebnisse hervorgebracht. Ihr ist das erste Unterkapitel gewidmet. Im Kontext der soziologischen Sozialisationstheorie finden sich jedoch keine Arbeiten, die spezifisch auf die Belange von Führungskräften als zu integrierenden Mitarbeitern Bezug nehmen. Daher soll ergänzend im zweiten Unterkapitel mit der Leader-Membership-Exchange-Theorie der Führung (LMX-Theorie) ein weiterer theoretischer Ansatz vorgestellt werden, der Aussagen zum Führungskräfte-Kontext liefert. Diese Forschungsrichtung ist im Vergleich zur soziologischen Sozialisationsforschung relativ jung und hat insofern noch keine so große Bandbreite an Studien hervorgebracht. Wie

Weibler (2001, S. 181) jedoch anmerkt, ist mit der LMX-Theorie der Führung aufgrund ihrer konzeptionellen Qualitäten auch in Zukunft weiter zu rechnen.

3.1 Personalintegration als betrieblicher Sozialisationsprozess

Sozialisation kann als „Prozess der Entstehung und Entwicklung der menschlichen Persönlichkeit in Abhängigkeit von und in Auseinandersetzung mit den sozialen und den dinglich-materiellen Lebensbedingungen" (Hurrelmann, 1998, S. 14) verstanden werden. Eine besondere Kombination sozialer und dinglich-materieller Bedingungen bietet ein Unternehmen, in das eine Person als Mitarbeiter oder Führungskraft eintritt. In der Soziologie werden Organisationen – erwerbswirtschaftliche Unternehmen wie nicht-erwerbswirtschaftliche Institutionen – als formalisierte kollektive Handlungszusammenhänge mit dem Zweck der Erreichung spezifischer Ziele betrachtet (Endruweit, 2004, S. 12). Indem ein Individuum zum Mitarbeiter in einem Unternehmen wird, werden seine Handlungen auch von den Erwartungen und Anforderungen dieses Sozialsystems beeinflusst (vgl. grundlegend Luhmann, 1964). Im Zuge der betrieblichen Sozialisation passen sich neue Mitarbeiter an die Arbeitssituation an, indem sie ein Verständnis von den Kernzielen und –abläufen der Organisation entwickeln und sich einem Platz in diesem Gefüge suchen (vgl. Klatetzki, 2008, S. 353). Es wird davon ausgegangen, dass die Phase der Personalintegration für ein Individuum eine besonders intensive Sozialisationserfahrung darstellt, da hierzu organisationale Grenzen überschritten werden müssen (vgl. van Maanen, Schein, 1979, S. 210).

Das Phänomen der betrieblichen Sozialisation ist innerhalb der Soziologie aus verschiedenen Perspektiven heraus betrachtet worden. Bezug nehmend auf die zeitliche Perspektive sind verschiedene Stufenmodelle entwickelt worden, die den charakteristischen Phasenverlauf einer Sozialisation als linearen Prozess zu beschreiben suchen. Basierend auf den frühen Stufenmodellen von Buchanan (1974), Porter, Lawler und Hackman (1975) und anderen entwickelten Wanous, Reichers und Malik (1984) ein integratives Stufenmodell. Es umfasst die in Tabelle 1 genannten vier Phasen (Darstellung in Anlehnung an Klatetzki, 2008, S. 356):

Stufe 1: Konfrontation mit der organisatorischen Realität
- Bestätigung/Enttäuschung von Erwartungen
- Konflikte zwischen persönlichen Arbeitspräferenzen und dem Organisationsklima
- Entdeckung, welche Aspekte des eigenen Handelns belohnt, bestraft und ignoriert werden

Stufe 2: Rollenklärung
- Befassung mit neuen Arbeitsaufgaben
- Definition der sozialen Beziehungen in vertikaler und horizontaler Hinsicht
- Erlernen des Umgangs mit Resistenzen gegen Veränderung
- Herstellung der Kongruenz von eigener und organisationaler Leistungsbewertung
- Erlernen des Umgangs mit Vorgaben und Ambiguität

Stufe 3: Verortung in der Organisation
- Erlernen, welche Verhaltensweisen den Erwartungen der Organisation entsprechen
- Lösung von Konflikten am Arbeitsplatz sowie der Differenzen zwischen externen und organisationsinternen Interessen
- Bindung an die Organisation und Arbeit
- Etablierung eines veränderten Selbstbildes, Übernahme neuer Werte

Stufe 4: Feststellung erfolgreicher Sozialisation
- Erlangen von Sicherheit und Stabilität
- Zeichen und Gefühle wechselseitiger Akzeptanz
- hoher Grad an Befriedigung
- intrinsische Arbeitsmotivation

Tabelle 1: Integriertes Stufenmodell der betrieblichen Sozialisation nach Wanous, Reichers, Malik (1984)

Ein grundsätzliches Problem des oben dargestellten und vieler weiterer Stufenmodelle ist die unklare zeitliche Erstreckung des Sozialisationsprozesses insgesamt sowie seiner einzelnen Phasen. Darüber hinaus ist fraglich, wie valide die Stufeneinteilung hinsichtlich ihrer inhaltlichen Zuordnung und ihrer Abfolge ist. Empirische Studien unterstützen diese Theoriekonzeptionen nur teilweise (vgl. etwa Katz 1978).

Eine weitere Perspektive der Sozialisationsforschung ist die Beschreibung der Taktiken, die Unternehmen zur Integration der neuen Mitarbeiter anwenden. Basierend auf den Vorarbeiten von van Maanen und Schein (1979, S. 209ff.) beschreibt Jones (1986, S. 262ff.) zwei Cluster von Sozialisationstaktiken, vgl. Tabelle 2 (in Anlehnung an Klatetzki, 2008, S. 357f.):

Cluster	institutionelle Sozialisationstaktiken	individualisierte Sozialisationstaktiken
enthaltene Taktiken	• kollektiv: Mitarbeiter wird in der Gruppe sozialisiert • formal: offizielles Sozialisationsprogramm • sequenziell: gesteuerter Prozessverlauf • fixiert: Bausteine des Sozialisationsprogramms sind zeitlich fixiert • seriell: Mitarbeiter wird in ihm vertraute Tätigkeit einsozialisiert • identitätsstützend: Selbstbild des neuen Mitarbeiters wird vom Unternehmen anerkannt und unterstützt	• individuell: Sozialisation als Einzelner • informal: auf Basis inoffizieller Einzel-Interaktionen • zufällig: ungesteuerter Prozessverlauf • variabel: Bausteine des Sozialisationsprogramms sind zeitlich variabel • disjunktiv: Mitarbeiter wird in ihm nicht vertraute Tätigkeit einsozialisiert • identitätsdestabilisierend: Unternehmen strebt an, Selbstbild des neuen Mitarbeiters zu verändern
Wirkung auf den Mitarbeiter	kustodiale Rollenorientierung	innovative Rollenorientierung

Tabelle 2: Institutionelle versus individualisierte Sozialisationstaktiken nach Jones (1986)

Die in Tabelle 2 dargestellte Beschreibung der Sozialisationstaktiken macht deutlich, dass das Cluster der institutionellen Sozialisation dem Typus eines umfassenden Sozialisationsprogramms entspricht, welches – systematisch aufgebaut – alle neuen Mitarbeitern bei der Eingewöhnung in eine für sie nahe liegende Tätigkeit unterstützt (vgl. hier und im Folgenden Jones, 1986, S. 262ff.). Das Cluster der individualisierten Sozialisation beschreibt die entsprechend gegenteilige Strategie, nämlich eine nicht gesteuerte Sozialisation, bei der der neue Mitarbeiter gefordert ist, sich in unbekannte Tätigkeitsgebiete eigenständig einzuarbeiten und Unterstützung eigeninitiativ einzufordern.

Damit wird deutlich, dass die Cluster eine konträre Wirkung auf den neuen Mitarbeiter haben. Wendet ein Unternehmen primär institutionelle Sozialisationstaktiken an, so reduziert dies die Unsicherheit des neuen Mitarbeiters in der Integrationsphase. In der Folge akzeptiert der „Neue" die ihm vorgegebene Rolle, es kommt damit zu einer „Reproduktion des organisatorischen Status quo" (Klatetzki, 2008, S. 358). Dies entspricht einer kustodialen Rollenorientierung. Tritt der neue Arbeitgeber im Sozialisationsprozess als „Kustos"/"Kümmerer" auf, so hat dies Jones (1986, S. 267) zufolge den Effekt, die Bindung an das Unternehmen zu fördern, aber die Selbstwirksamkeitserwartung des neuen Mitarbeiters zu verringern. Verfolgt ein Unternehmen hingegen individualisierte Sozialisationstaktiken, so lässt sie dem neuen Mitarbeiter den Freiraum, seine Arbeitsrolle selbst zu definieren. Definiert der „Neue" seine Rolle deutlich anders als sein Amtsvorgänger, fordert er somit Veränderungen auf organisationaler Seite heraus. Es kommt somit zu einer innovativen Rollenorientierung. Der neue Mitarbeiter erlebt sich in dieser Konstellation als selbstwirksam, allerdings führt diese individualisierte Sozialisationsstrategie nicht zu einem hohen Commitment, so die Annahme des Autors (Jones, 1986, S. 268). Empirische Studien zu diesen Hypothesen konnten bislang jedoch nur relativ schwache Effekte nachweisen (vgl. u.a. Allen, Meyer, 1990; Robinson, Rousseau, 1994).

Eine dritte Forschungsperspektive auf die betriebliche Sozialisation ist eher psychologischer Natur: Eine ganze Reihe an Studien befasst sich mit den Einstellungen und Verhaltensweisen der neuen Unternehmensmitglieder. Als ein wesentlicher Faktor hat sich in diesem Kontext das proaktive Handeln der neuen Mitarbeiter gezeigt. Morrison (1993, S. 577ff.) fand eine positive, signifikante Korrelation zwischen proaktiver Informationssuche und Arbeitszufriedenheit und Arbeitsleistung. Ashford und Black (1996) legen ein erweitertes Verständnis von Proaktivität zugrunde, das sich neben der Informationssuche u.a. auch im Aufbau von positiven sozialen Beziehungen und Netzwerken innerhalb des Unternehmens sowie Einbindung in betriebsinterne Veranstaltungen manifestiert. Sie konnten zeigen, dass proaktive neue Mitarbeiter Unsicherheit schneller reduzieren und eine höhere Arbeitszufriedenheit zeigen als nicht-proaktive Neueinsteiger. Ähnliche Befunde berichten auch Saks und Ashforth (1996). Sie untersuchten die Selbstregulationsfähigkeiten neuer Mitarbeiter, etwa das eigenständige Setzen von Zielen, Introspektionsfähigkeiten in Bezug auf das eigene Verhalten und die Fähigkeit zur Selbstbelohnung. Mitarbeiter, die über diese Fähigkeiten verfügten, zeigten einen deutlich souveräneren Umgang mit Ängsten und Unsicherheit.

3.2. Integration von Mitarbeitern als Prozess des Aufbaus einer Führungsbeziehung

Tritt eine Führungskraft neu in ein Unternehmen ein (oder wechselt sie auch nur die Position innerhalb des Unternehmens), so steht sie vor der Aufgabe, Führungsbeziehungen neu aufzubauen, und zwar in zwei Richtungen: Zum einen zu den unterstellten Mitarbeitern, zum anderen (sofern die Führungskraft nicht den Geschäftsführungsvorsitz innehat) zu ihrem eigenen Vorgesetzten. Innerhalb der Führungsforschung (für einen Überblick siehe Weibler, 2001, S. 135ff) hat sich unter anderem die sog. Leader-Membership-Exchange-Theorie der Führung (LMX-Theorie) mit dem Phänomen des Aufbaus einer Führungsbeziehung befasst (vgl. Liden, Sparrowe, Wayne, 1997, Graen, Uhl-Bien, 1995 für einen Überblick). Die LMX-Theorie betrachtet Führung aus einer Beziehungsperspektive: Effektive Führung findet statt, wenn Vorgesetzter und Mitarbeiter eine Führungs-Partnerschaft entwickeln und von den Vorteilen einer solchen Partnerschaft profitieren (vgl. Graen, Uhl-Bien, 1995, S. 225). Ausgangspunkt der LMX-Forschung waren Untersuchungen zur Sozialisation am Arbeitsplatz. Diese frühen Studien zeigten, dass viele Führungsprozesse in einem dyadischen Kontext stattfinden: Führungsverhalten und dessen Wirksamkeit variiert in Abhängigkeit von den beteiligten Personen (vgl. etwa Graen, Cashman, 1975). Der Ansatz der LMX-Theorie ist hierbei präskriptiv und nicht rein deskriptiv: Führung wird nicht als qua Disziplinarmacht legitimierte Weitergabe von Weisungen des Vorgesetzten an die ihm unterstellten Mitarbeiter verstanden, sondern als Angebot zu einer vertrauensvollen Zusammenarbeit; letzteres wird als Modell des „Leadership Making" bezeichnet (vgl. hier und im Folgenden Graen, Uhl-Bien, 1995, S. 229f.).

Das Modell des „Leadership Making" beschreibt drei Stadien der Enstehung einer Führungsbeziehung, wobei nicht alle Führungsbeziehungen diesen Zyklus komplett durchlaufen. Das erste Stadium ist gekennzeichnet durch limitierte Interaktionen zwischen Vorgesetztem und Mitarbeiter, so dass sich die Interaktionspartner wie Fremde begegnen. Der Austausch hält sich in den vertraglich vereinbarten Schranken und ist durch eine Mentalität des „Cash und Carry" gekennzeichnet. Diese Art der Beziehung steht in Analogie zu dem von Bass (1985) ausgearbeiteten Modell der transaktionalen Führerschaft in dem Sinne, dass der Austausch auf der Weisungsbefugnis des Vorgesetzten besteht. Entsprechend ist die Motivation des unterstellten Mitarbeiters durch Eigeninteresse gekennzeichnet.

Graen und Uhl-Bien (1995, S. 230) gehen davon aus, dass in der ersten Phase der Entstehung einer Führungsbeziehung einer der Partner ein „Angebot" zur Vertiefung der Arbeitsbeziehung durch karriereorientierten sozialen Austausch gemacht und dieses Angebot im zweiten Schritt auch angenommen werden muss. Wird dieser Schritt vollzogen, erreicht die Führungsbeziehung das zweite Reifestadium. Dieses Stadium ist gekennzeichnet durch einen vermehrten Austausch von Ressourcen und Informationen, der dann nicht mehr allein arbeitsbezogen, sondern auch persönlicher Natur ist. Allerdings ist diese Phase als Testphase zu betrachten, in deren Rahmen die Beteiligten die direkte Reziprozität von gewährten Vorteilen wichtig ist.

Der Übergang zur dritten Phase ist dann ein fließender: Wenn der Austausch zwischen den Beteiligten einer Führungsbeziehung durch gegenseitige Loyalität und Unterstützung geprägt ist und gewährte Vorteile nicht unmittelbar durch Rück-Gewährung von Vorteilen abgegolten werden müssen, spricht man von einer „reifen" Partnerschaft.

Die empirische Befundlage zu den beschriebenen Zusammenhängen der LMX-Theorie ist gemischt (vgl. u.a. Burns, Otte, 1999). Kritisch gesehen wird unter anderem, dass die LMX-Theorie von einer hohen Anzahl an Vorbedingungen abhängig ist und eine Vielzahl von individuellen und organisationalen Ergebnisfaktoren beeinflusst (vgl. Liden, Sparrowe, Wayne, 1997). Weibler (2001, S. 181) attestiert der LMX-Theorie allerdings eine „plausible und anregende Grundidee", weshalb sie trotz gewisser Unzulänglichkeiten im Kontext der vorliegenden Arbeit als theoretische Grundlage herangezogen werden soll.

3.3. Kritische Würdigung des theoretischen Fundaments

Die vorangehend dargestellten theoretischen Grundlagen haben deutlich gemacht, dass zur Erklärung der Führungskräfte-Integration keine einheitliche Theorie herangezogen werden kann, sondern Anleihen bei verschiedenen Theorien und Modellen gemacht werden müssen: So finden sich innerhalb der Soziologie, die gut gesicherte Aussagen zur Sozialisation von neuen Mitarbeitern machen kann (vgl. auch die Einschätzung von Klateztki, 2008, S. 351), keine soziologischen Arbeiten, die sich mit den Spezifika der Eingliederung von Führungskräften auseinandersetzen. Entsprechend sind die hierzu vorliegenden Arbeiten noch nicht zahlreich. Die Distanztheorie der Führung liefert zu diesem Teilaspekt der behandelten Thematik interessante Einsichten. Allerdings ist dieses Paradigma vergleichsweise jung und hat erst eine begrenzte Anzahl an Forschungsarbeiten hervorgebracht (für einen Überblick vgl. Graen, Uhl-Bien, 1995). Im Sinne des kritischen Rationalismus als der der Verhaltenstheorie grundlegende Wissenschaftsauffassung ist ein solches Nebeneinander an Erklärungsansätzen durchaus gewünscht und nicht als irreführend abzulehnen (vgl. grundlegend Feyerabend 1976 sowie Schanz, 1988, S. 16ff.). Ein solcher Ideenpluralismus bildet erst die Basis für Erkenntnisfortschritt, indem wissenschaftlich etablierte Denkansätze anhand neuer theoretischer Perspektiven in Frage gestellt werden können (vgl. die „Spielregeln der Wissenschaft" von Spinner, 1971, S. 32f.).

Wesentlich ist in diesem Kontext, dass mit den beiden vorgestellten Theorien das Portfolio anwendbarer Erklärungsansätze keineswegs erschöpft ist. Exemplarisch sei in diesem Kontext auf die Theorie der sozialen Identität verwiesen: Eine substanzielle Anzahl von Forschungsarbeiten aus dieser theoretischen Schule weist darauf hin, dass die soziale Identifikation ein wichtiger Aspekt von effektiver Führung ist (Lord, Brown, 2004; Reicher, Hopkins, 2001). Sieht sich das Individuum in erster Linie als Mitglied einer Gruppe, so wird es die Gruppen-Interessen als Eigeninteressen wahrnehmen und intrinsisch motiviert sein, seine Fähigkeiten in den Dienst der Gruppe zu stellen (vgl. z.B. van Knippenberg, 2000). Darüber hinausgehend führt die soziale Identifikation dazu, dass kollektivistische Werte für den Betreffenden bedeutsam werden, was seine Unterstützung für das „gemeinsame Ziel" verstärkt. Eine Forschergruppe um Shamir untersuchte diese Zusammenhänge in Feldstudien, nämlich in der israelischen Armee. Sharmir, Zakay, Beinin und Popper (1998) konnten zeigen, dass Untergebene, deren Vorgesetzte sich unterstützend verhielten und die kollektive Identität als Armeeangehörige unterstrichen, eine höhere Identifikation mit ihrer Einheit zeigten als Soldaten, deren Vorgesetzte sich nicht auf die kollektive Identität bezogen. In einer nachfolgenden Studie konnten die Autoren zeigen, dass die Identifikation der Soldaten mit ihrer Einheit mit den folgenden drei Variablen positiv korrelierte: die Betonung der kollektiven Identität durch den Vorgesetzten, wahrgenommene geteilte Werte zwischen Führungskraft und Untergebenen, und unterstützendes Verhalten des Vorgesetzten (vgl. Sharmier, Zakay, Beinin, Popper, 2000).

Dieser kurze Exkurs in die Theorie der sozialen Identität lässt erahnen, dass ein Zusammenführen und Gegeneinander-Abwägen der verschiedensten theoretischen Sichtweisen auf die Führungskräfteintegration wesentliche Erkenntnisfortschritte bringen kann. Hierzu kann die vorliegende Arbeit nicht mehr als einen ersten Ansatzpunkt liefern.

4. Instrumente der Personalintegration auf Führungsebene

4.1. Zielgruppenspezifische Bedarfsunterschiede zwischen Mitarbeiterintegration und Führungskräfteintegration

Wie in der Einleitung zu dieser Arbeit dargestellt, gehen einige Autoren davon aus, dass Führungskräfte andere Bedürfnisse hinsichtlich der Gestaltung ihrer betrieblichen Eingliederung haben als Mitarbeiter ohne Führungsverantwortung – nämlich faktisch keiner gezielten Eingliederungsbemühungen seitens des Unternehmens bedürfen (siehe Einleitung). Im Folgenden ist zu prüfen, ob es abseits dieser ungesicherten Behauptungen faktische Grundlagen dafür gibt, einen Unterschied zwischen der Integration von Mitarbeitern und Führungskräften zu machen. Solche Gründe könnten rechtlicher oder ökonomischer Natur sein.

Rechtliche Gründe könnten sich aus der systematischen Unterscheidung zwischen Führungskräften und Beschäftigten ohne Führungsanspruch im deutschen Arbeitsrecht herleiten. Der Begriff der Führungskraft ist im deutschen Recht so nicht hinterlegt. Allerdings werden Führungskräfte der oberen Führungsebenen gesondert behandelt: es handelt sich hierbei um die Gruppe der sogenannten „leitenden Angestellten". Leitender Angestellter im Sinne des Betriebsverfassungsgesetzes (§5 Abs. 3 Betriebsverfassungsgesetz) ist, wem wesentliche Arbeitgeberbefugnisse übertragen wurden, er etwa Einstellungs- und Entlassungsbefugnisse und/oder Prokura hat und/oder „regelmäßig sonstige Aufgaben wahrnimmt, die für den Bestand und die Entwicklung des Unternehmens oder eines Betriebs von Bedeutung sind" (§5 Abs. 3 S. 3 Betriebsverfassungsgesetz). Der leitende Angestellte steht von seiner rechtlichen Funktion her im Lager des Arbeitgebers und vertritt dessen Interessen (vgl. hier und im Folgenden Hansen, Kelber, Zeißig, Breezmann, Confurius, 2006, S. 209f. und die dort angegebene juristische Fachliteratur). Er hat weitergehende vertragliche Nebenpflichten als ein nicht-leitender Angestellter. Zu diesen Nebenpflichten zählt die besondere Organisationspflicht: Eine Führungskraft ist demzufolge verantwortlich dafür, ihren eigenen Bereich so zu organisieren, dass eine reibungslose Aufgabenerfüllung stattfinden kann. Die Fähigkeit zur Selbstorganisation der Führungskraft wird hierbei aus der Weisungsbefugnis abgeleitet, die ein Manager gegenüber den ihm unterstellten Mitarbeitern hat.

Die Ausführungen stellen klar, dass es keine direkten rechtlichen Grundlagen gibt, die eine Unterscheidung von Führungskräften und Mitarbeitern ohne Führungsverantwortung in Bezug auf die Frage der Ausgestaltung der Einarbeitungsphase gibt. Allerdings kann aus der Zuschreibung einer arbeitgeberähnlichen Stellung von leitenden Angestellten im Allgemeinen und der Organisationspflicht im Speziellen eine höhere Eigenverantwortlichkeit von leitenden Angestellten für ihre persönliche Einarbeitung abgeleitet werden. In der Folge kann Führungskräften (sofern sie leitenden Angestellten gleichzusetzen sind) pauschal ein geringerer Bedarf an systematischen Einarbeitungshilfen zugeschrieben werden als Mitarbeitern ohne Führungsverantwortung.

Ökonomische Gründe für eine Andersbehandlung von Führungskräften gegenüber Nicht-Führungskräften können sich, wie bereits in der Einleitung zu dieser Arbeit angedeutet, vor allem aus einer Kosten-Nutzen-Betrachtung ergeben. Die Kosten für die Rekrutierung von Managern liegen deutlich über den Personalgewinnungskosten für Mitarbeiter ohne Führungsverantwortung. In einer amerikanischen Benchmarking-Studie lagen die durchschnittlichen Kosten für die Rekrutierung von Nicht-Führungskräften bei 1630 US Dollar (vgl. Arnett, Higgins, 2004S.

4). Die Angaben zur Rekrutierungskosten für Manager schwanken deutlich, liegen aber immer im sechsstelligen Bereich (vgl. Petersen, 2007, S. 26). Die „Vorab-Investition" in Führungskräfte ist damit deutlich höher als bei anderen Mitarbeitern. Entsprechend ist ein Unternehmen daran interessiert, im Sinne einer baldigen Amortisation dieser Kosten möglichst schnell Führungskräfte in die Lage zu versetzen, sich mit voller Arbeitskraft den eigentlichen Arbeitsinhalten zu widmen. Wenn Führungskräfte aufgrund von fehlender Infrastruktur oder fehlender Information erst verzögert ihre eigentliche Arbeit aufnehmen können bzw. sie länger brauchen, um die Einarbeitungsphase abzuschließen, entstehen Produktivitätsverluste. Exemplarische Fallstudien zur Führungskräfteintegration zeigen, dass die (subjektiv wahrgenommene) Phase der Einarbeitung bei Managern, die ein solches Programm durchlaufen, deutlich kürzer ist als bei Managern, die nicht in den Genuss eines solchen Programms kommen (vgl. Cashman, Smye, 2007, S. 5).

Dem Produktivitätsgewinn eines Managerintegrations-Programms müssen die Kosten seiner Konzeption und Durchführung gegenübergestellt werden. Da ein solches Programm, wie im Folgenden zu zeigen sein wird, sehr unterschiedliche Bausteine beinhalten kann, können hier keine pauschalen Richtgrößen angegeben werden. Im Sinne eines Personalentwicklungs-Controlling sind jedoch die Kosten eines solchen Programms unternehmensindividuell zumindest in Form von Richtgrößen ex ante quantifizierbar (zu Möglichkeiten des Personalentwicklungscontrollings allgemein vgl. Lang 2006).

Somit zeichnet die Betrachtung rechtlicher und betriebswirtschaftlicher Aspekte ein heterogenes Bild, was die Notwendigkeit einer gezielten Führungskräfteintegration angeht: Aus den übergreifenden Rechtsgrundsätzen ist ableitbar, dass Führungskräfte weniger Einarbeitungshilfen benötigen als Mitarbeiter ohne Führungsverantwortung. Hierbei gilt es zu beachten, dass es sich nicht um eine arbeitsrechtliche Norm im strengen Sinne handelt. Insofern besteht im Sinne der Herbeiführung von Rechtssicherheit für Unternehmen kein direkter Handlungsbedarf, was die Durchführung von Führungskräfte-Integrationsprogrammen angeht. Ein solcher Handlungsbedarf könnte sich hingegen aus betriebswirtschaftlichen Gründen ergeben, sollte der erwartete Nutzen im Sinne von Produktivitätsgewinnen die Kosten eines gezielten Führungskräfte-Integrationsprogramms übersteigen. Dies ist unternehmensindividuell zu klären. Nicht vom Einzellfall abhängig bleibt das ethische Argument: Da Führungskräften per definitionem Führungsverantwortung übertragen wird, ist es immer im Sinne der unterstellten Mitarbeiter, Manager möglichst schnell in die Lage zu versetzen, ihre Führungsverantwortung voll wahrnehmen zu können.

4.2. Unterstützung der formellen Einarbeitung

4.2.1. Einarbeitung in das zu verantwortende Aufgabenfeld

Die Einarbeitung in das zu neue Aufgabenfeld ist der vielleicht naheliegendste Teil der Personalintegration: Damit eine neue Führungskraft wirkungsvoll arbeiten kann, muss sie die inhaltlichen Anforderungen an die von ihr besetzte Stelle kennen. Der Gesetzgeber hat daher vorgeschrieben, dass diese Anforderungen im Sinne einer kodifizierten Tätigkeitsbeschreibung fester Bestandteil des Arbeitsvertrags zu sein haben (vgl. §2 Abs.1 S.2 des Nachweisgesetzes). In vielen Unternehmen wird diese Tätigkeitsbeschreibung ersetzt durch eine umfassendere Stellenbeschreibung (vgl. hier und im Folgenden Hentze, Kammel, 2001, S. 225ff.). Eine Stellenbeschreibung gibt Auskunft über die Einordnung der Stelle in die Unternehmensorganisation, Stellvertretungsregelungen, eine genaue Beschreibung der Tätigkeit inklusive der Schnittstellen zu anderen Stellen, sowie über Leistungsstandards und Leistungsbewertungskriterien. Im einfachsten Falle besteht die Einarbeitung des neuen Managers in sein Aufgabenfeld folglich darin, ihm seine Stellenbeschreibung auszuhändigen.

Ein solche minimalistische Einarbeitungsstrategie wird in der Literatur häufig pejorativ als „Wirf-ins-kalte-Wasser-Strategie" bezeichnet (vgl. etwa Kieser et al., 1990, S. 23, mit Verweis auf Schein, 1964):

„Sie (die Wirf-ins-kalte-Wasser-Strategie, Anmerkung der Autorin) besteht darin, dass der neue Mitarbeiter gleich mit schwierigen Aufgaben eingedeckt wird. Entweder er geht unter (und hoffentlich auch bald weg) oder er bewährt sich. Teil dieser Philosophie ist es, dem neuen Mitarbeiter nicht besonders viel Hilfestellung zu gewähren."

Handelt es sich bei dem „Neuen" um eine Führungskraft und nicht um einen Mitarbeiter ohne Führungsverantwortung, ist allerdings kritisch zu hinterfragen, ob dieses Vorgehen prinzipiell falsch ist. Die „Wirf-ins-kalte-Wasser-Strategie" erfordert proaktives Handeln von den neu eingestellten Führungskräften, da sie eigenständig erforderliche Informationen einholen müssen. Ist der oder die „Neue" zu proaktivem Verhalten in der Lage, hat dies, wie in Kapitel 3.1 gezeigt wurde, eine Reihe von positiven Effekten, etwa eine schnellere Reduktion der Unsicherheit oder höhere Arbeitszufriedenheit (vgl. die in Kapitel 3.1 genannten Quellen).

Weiterhin sind bestimmte Unternehmenskonstellationen vorstellbar, in denen eine reduzierte Einarbeitung sinnvoll sein kann. Dies ist dann der Fall, wenn der „Neue" in das Unternehmen geholt wird, um explizit neue Lösungen in dem übertragenen Aufgabenfeld zu generieren. Im Sinne der in Kapitel 3.1 vorgestellten Theorie von Jones (1986) kann Sozialisation in dieser Situation darauf ausgerichtet sein, eine innovative Rollenorientierung bei der neuen Führungskraft zu erwirken. Wie im Kapitel 3.1 bereits dargestellt, dient eine informale und zufällige Sozialisationstaktik anstelle eines formalen und sequenziell organisierten Einarbeitungsprogramms dazu, eine solche innovative Rollenorientierung herzustellen.

Liegen solche besonderen Unternehmenskonstellationen nicht vor, ist, wie in Kapitel 3.1 dargelegt, aus Gründen der Kosteneffizienz eine gezielte Einarbeitung des neuen Managers in sein Aufgabenfeld sinnvoll. Dies gilt besonders dann, wenn die Führungskraft als Seiteneinsteiger das neue Verantwortungsgebiet übernimmt, also entweder als Branchenfremder das Produkt oder die Dienstleistung nicht kennt, oder innerhalb der Branche in eine neue Stabs- oder Linienfunktion wechselt.

Spiritus rector einer erweiterten Einarbeitung ist der direkte Vorgesetzte (vgl. Kieser et al., 1990, S. 32; Verführth, 2008, S. 133ff.): An ihm liegt es, Aufgaben klar zu formulieren, den Zugang zu weiterführenden Informationen bzw. Informanten zu ermöglichen und für Rückfragen und Feedbackgespräche zur Verfügung zu stehen. Die Rolle des nächsthöheren Vorgesetzten wurde in der Literatur lange vernachlässigt. Eine Studie von Weibler (1994) untermauert jedoch den Einfluss, den dieser direkte Vorgesetzte einer Führungskraft bis hin auf das Verhalten der von der Führungskraft Geführten hat (vgl. hierzu auch die weiteren Ausführungen im Kapitel 4.1).

Bei der Gestaltung der Einarbeitung ist zu bedenken, dass für Führungskräfte das klassische Repertoire an Einarbeitungsmethodiken in der Regel nicht ohne weitere Anpassungen übernommen werden kann. So dürften etwa gruppenweise Einführungsveranstaltungen im Unternehmensalltag selten möglich sein, da Managementpositionen nur in Einzelfällen von außen neu besetzt werden. Die nachfolgende Tabelle stellt typischen Formen der aufgabenbezogenen Einarbeitung von Mitarbeitern ohne Führungsverantwortung adäquate Methodiken für die Führungskräfte-Integration gegenüber (linker Teil in Anlehnung an Brenner, Brenner, 2001, S. 13ff.).

Einarbeitungsmaßnahmen für Mit-arbeiter ohne Führungsverantwor-tung	Einarbeitungsmaßnahmen für Füh-rungskräfte
Einzel-Schulung am Arbeitsplatz durch erfahrene Kollegen	Kurze Briefing-Sessions und längere Workshops mit internen und externen Wissensträgern
Gruppenweise themenspezifische Schu-lungsmaßnahmen durch interne/externe Experten	
Abteilungsdurchläufe: Mitarbeit in angrenzenden Abteilungen für einige Tage/Wochen	Einzelgespräche mit Abteilungsleitern, ggf. Betriebsbesichtigungen
Begleitung erfahrener Kollegen zu Kunden- oder Lieferantenterminen	Einführung in Kunden-/ Lieferantenbe-ziehung über soziale Veranstaltungen
Projektarbeit: Einbindung in aufgabennahe Projekte	

Tabelle 3: Einarbeitungsmaßnahmen für Mitarbeiter ohne versus mit Führungsver-antwortung

Da der Schulungsbedarf für Führungskräfte deutlich von der Vorerfahrung des oder der „Neuen" abhängt, verläuft die Einarbeitung wesentlich über individu-ell arrangierte Treffen mit internen und ggf. ergänzend externen Wissensträgern. Diese können den Charakter kurzer Briefings annehmen (wenn etwa der Leiter der Strategieabteilung den neuen Einkaufs-Abteilungsleiter über den jährlichen Pla-nungsprozess informiert). Sie können aber auch als Workshop ausgestaltet sein, bei der etwa die Leiter der Strategie- und der Finanzabteilung mit dem neuen Einkaufs-leiter den bisherigen Verlauf des Planungsprozesses reflektieren und Möglichkeiten zur Behebung von Schwachstellen diskutieren. Um wichtige Abteilungen im Un-ternehmen kennenzulernen, bieten sich für neue Führungskräfte anstelle der be-kannten Abteilungsdurchläufen, wie sie in vielen Unternehmen angewendet wer-den (vgl. etwa Bornefeld, Müller, Unger, 2004, S. 165), Einzelgespräche mit den entsprechenden Führungskräften in Kombination mit Betriebsbesichtigungen an. Diese Gespräche haben über die inhaltliche Einarbeitung hinaus den Vorzug, das Kontaktnetz des neuen Managers zu erweitern. Die Einführung in bestehende Kun-den- bzw. Lieferantenbeziehungen erfordert bei Führungskräften ebenfalls ein et-was anderes Vorgehen als bei Nicht-Führungskräften: Sie wird oftmals getragen durch soziale Veranstaltungen, bei denen die neue Führungskraft Gelegenheit be-kommt, mit den Kunden bzw. Lieferanten abseits des Geschäftlichen Kontakt zu knüpfen. Die Einbindung in Projekte ist sowohl für neue Mitarbeiter wie auch neue Führungskräfte als Einarbeitungsmethodik anwendbar; lediglich der Fokus wird sich mit zunehmender Hierarchiestufen von aufgabennahen Projekten hin zu abtei-lungsübergreifenden, eher strategisch orientierten Projekten verschieben.

Eine vertiefende thematische Einarbeitung verhilft der neuen Führungskraft dazu, sich frühzeitig einen Überblick über die an sie gestellten Anforderungen zu verschaffen und Lösungsstrategien zu entwickeln (vgl. Kieser et al., 1990, S. 33). Sie hat darüber hinaus noch einen positiven Nebeneffekt: Sie beugt falschem Ehrgeiz auf Seiten des neuen Managers vor, für alle auftretenden Probleme im Alleingang Lösungen entwickeln zu können und zu müssen. In einer Schrift der Personalberatung Mercer Delta (2006, S. 6) wird als eines von zwei Hauptursachen für das Scheitern der Personalintegration von Führungskräften die Einstellung der Manager genannt: „I am a smart guy. I need to prove myself and make my mark as soon as possible."

Selbst wenn nicht falscher Ehrgeiz es einer Führungskraft verbietet, nach notwendigen Informationen zu fragen, so kann doch eine fehlende Kultur des Informationsaustausches dazu führen, dass der oder die „Neue" viel Zeit damit verbringt zu überlegen, ob es opportun ist, bestimmte Informationen zu erfragen (vgl. Lee, 2006). Diese Produktivitätshindernisse können beseitigt werden, indem sichergestellt wird, dass neue Führungskräfte schnell und unbürokratisch Informationen und technische oder sonstige Hilfe anfragen können, wenn sie dies für nötig halten.

4.2.2. Aufbau der Führungsbeziehung zu den unterstellten Mitarbeitern

Neben der Einarbeitung in das neue Aufgabenfeld hat die formale Führungskräfte-Integration noch eine weitere Komponente: die Aufnahme der Führungsverantwortung gegenüber den unterstellten Mitarbeitern. Dieser Prozess vollzieht sich nicht einseitig, quasi auf Knopfdruck der neuen Führungskraft hin: Wie das in Kapitel 3.2 dargestellte Phasenmodell des „Leadership Making" (vgl. Graen, Uhl-Bien, 1995, S. 229f.) verdeutlicht, ist vielmehr davon auszugehen, dass sich die Führungsbeziehung über einen längeren Zeitraum hinweg entwickelt und diese Entwicklung von der Bereitschaft der Führungskraft und der unterstellten Mitarbeiter zur vertrauensvollen Zusammenarbeit abhängt.

Folgt man Graen und Uhl-Bien (1995, S. 230), so ist der Beginn einer Führungsbeziehung zunächst von einer nüchternen „Cash and Carry"-Mentalität geprägt: Ziel ist es sowohl für den Vorgesetzten als auch den Mitarbeiter, aus der Zusammenarbeit möglichst weitgehend die eigenen Interessen zu befriedigen. Vermeiden lässt sich diese Phase kaum, da beide Parteien notgedrungen als Fremde aufeinandertreffen. Diese Grundkonstellation macht diese erste Phase des „Leadership Building" besonders schwierig für die Führungskraft: Einerseits muss sie wesentliche Entscheidungen treffen, etwa, welchen Mitarbeiter sie mit welcher Aufgabe betraut. Andererseits muss sie damit rechnen, dass die Mitarbeiter ihren durch längere Unternehmensmitgliedschaft entstandenen Wissensvorsprung ausnutzen und ihre eigenen Ziele über die Ziele des Unternehmens bzw. der Führungskraft stellen (vgl. Weibler, 2001, S. 107f. sowie allgemein die Argumentation der Principal-Agent-Theory, vgl. Hawkins, Blaine, Nielson, Tiernan, 2006).

Graen und Uhl-Bien (1995, S. 231) empfehlen in dieser Phase einen verhaltensorientierten Führungsstil. Ein Instrument zur Unterstützung eines solchen Führungsstils sind Zielvereinbarungen (vgl. für einen Überblick Weibler, 2001, S. 362ff., Frese, 1993, S. 136ff.). Zielvereinbarungen enthalten für jeden Mitarbeiter individuell festgesetzte operative Ziele, die sich aus den übergeordneten Unternehmenszielen ableiten. Sie enthalten darüber hinaus persönliche Entwicklungsziele des Mitarbeiters. Die Ziele werden, mit konkreten Zielwerten hinterlegt, für eine definierte Periode festgeschrieben. Diese Vereinbarungen dienen dazu, die Orientierung des Mitarbeiters hinsichtlich der an ihn gestellten Erwartungen zu verbessern. Zielvereinbarungen werden in einem Mitarbeitergespräch zwischen Führungskraft und Untergebenem diskutiert und anschließend verschriftlicht. Ein solches kooperatives Vorgehen hat den Vorzug, dass die neue Führungskraft und der Mitarbeiter Transparenz über die gegenseitigen Einstellungen und Erwartungen erhalten.

Noch mehr Transparenz hinsichtlich des Führungshandelns kann der Einsatz einer Führungs-Scorecard (FSC) liefern (vgl. hier und im Folgenden Bühner, Akitürk, 2000, S. 44ff.). Die FSC ist ein Berichtsbogen, der Führungskraft und Geführte in der Erreichung wesentlicher Ziele unterstützen soll. Der Berichtsbogen deckt vier Orientierungsrichtungen der Führung ab: die Marktorientierung (operationalisiert etwa über Kundenreaktionszeiten), die Zielorientierung (Umsetzung Unternehmensziele, etwa Renditeziele), die Mitarbeiterorientierung (operationalisiert etwa über Anzahl Arbeitsunfälle) sowie die Lernorientierung (gemessen etwa als Anzahl wahrgenommener Schulungstage). Die FSC, die von der Unternehmensleitung für das Gesamtunternehmen definiert wird, macht Personalführung transparenter, indem sie Anforderungen festschreibt, diese in messbare und nachvollzielbare Kenngrößen übersetzt und für diese Kenngrößen Zielwerte definiert (vgl. hierzu detaillierter Weibler, 2001, S. 101). Die Personalberatung Mercer hat dieses Scorecard-Instrument für den Integrationsprozess von neuen Managern näher spezifiziert (vgl. Mercer Delta Consulting, 2006).

Zielvereinbarungen und ähnlichen Zieldefinitionsinstrumente sind vielfach kritisiert worden – unter anderem, weil Arbeitsergebnisse oft nicht allein der Arbeitsleistung eines einzelnen Mitarbeiters zuzurechnen sind (vgl. für einen Überblick Drumm, 2008, S. 454f.). Unabhängig von dieser generellen Kritik erscheint ihr Einsatz im vorliegenden Kontext nur dann sinnvoll, wenn die betrachtete Zielperiode überschaubar ist (z.B. drei Monate) und der Zielerreichungsfortschritt in regelmäßigen Statusgesprächen überwacht wird. Dazu müssen die definierten Kenngrößen geeignet sein. Schließlich nützt es der neuen Führungskraft wenig, mit dem neuen Mitarbeiter Ein-Jahres-Ziele zu vereinbaren, für die sich noch dazu der Zielerreichungsgrad unterjährig nur schwer feststellen lässt. Unter Umständen wäre der neue Manager unter diesen Konstellationen am Ende der eigenen Probezeit nicht in der Lage, gegenüber den eigenen Vorgesetzten die eigenen Arbeits- und Personalführungserfolge zu dokumentieren.

In den vorangegangenen Überlegungen ist bereits angeklungen, dass eine gut strukturierte Regelkommunikation zwischen neuer Führungskraft und Mitarbeiter dazu dienen kann, die Erreichung wirtschaftlicher und persönlicher Ziele zu kontrollieren und ggf. durch gemeinsame Problemlösung voranzutreiben. Damit bieten diese Gespräche die Plattform, damit die Führungskraft dem Mitarbeiter gemäß des „Leadership Making"-Modells von Graen und Uhl-Bien (1995, S. 230) ein „Angebot" zur Vertiefung der Arbeitsbeziehung macht. Dieses Angebot kann aus Tipps der Führungskraft für den Mitarbeiter hinsichtlich seiner karrierebezogenen Weiterentwicklung bestehen. Das Angebot kann aber gleichermaßen auch vom Mitarbeiter ausgehen – etwa, indem er seinen neuen Vorgesetzten über bestimmte unternehmenskulturelle Besonderheiten informiert. Wesentlich ist, dass der jeweils andere Partner der Führungsbeziehung dieses „Angebot" annimmt. Damit treten Vorgesetzter und Mitarbeiter in die zweite Phase des „Leadership Making" ein, die, wie in Kapitel 3.2 erläutert, lediglich eine Testphase für den Übergang zu einer reifen Führungsbeziehung darstellt. Um diese Testphase zu bestehen, müssen sich Führungskraft und Mitarbeiter als verlässliche Partner erfahren können – etwa in dem Sinne, dass gewährte Vorteile nicht ausgenutzt, sondern im Zeitablauf rückgewährt werden (Einhaltung der Reziprozitätsnorm; vgl. dazu etwa die empirische Studie von van Dierendonck, Le Blanc, van Breukelen, 2002).

Wie die Autoren des „Leadership Making"-Modells vielfach betonen, ist der Aufbau einer Führungsbeziehung ein zweiseitiger Prozess, der aufgrund des notwendigen Zutuns des Mitarbeiters nicht in allen Vorgesetzten-Mitarbeiter-Dyaden gleich ablaufen kann (vgl. Graen, Uhl-Bien, 1995, S. 229). Folglich wird die neue Führungskraft nicht zu allen untergebenen Beschäftigten im gleichen Zeitfenster eine partnerschaftliche Führungsbeziehung aufbauen können. Aus den vorangegangenen Überlegungen kann aber abgeleitet werden, dass eine neue Führungskraft vor allem eines braucht, um diesen Prozess anzustoßen: Sie braucht Zeit – um mit den Mitarbeitern Zielvereinbarungen zu definieren, regelmäßige Mitarbeitergespräche zu führen und die Basis der Zusammenarbeit zu vertiefen. Eine wesentliche Integrationshilfe für die neue Führungskraft kann daher darin bestehen, ihr den notwendigen zeitlichen Freiraum zu gewähren. Weiterhin kann ein neuer Manager im Aufbau von Führungsbeziehungen unterstützt werden, indem er frühzeitig mit den im Unternehmen vorhandenen Führungsinstrumenten (Zielvereinbarungssysteme, etc.) vertraut gemacht wird.

4.3. Unterstützung der informellen Einarbeitung

4.3.1. Erwartungsmanagement

In dem in Kapitel 3.1 dargestellten Stufenmodell von Wanous, Reichers und Malik (1984) ist die Bestätigung oder Enttäuschung persönlicher Erwartungen ein wesentlicher Aspekt der ersten Sozialisationsstufe. In der empirischen Forschung finden sich mehrere Belege für die These, dass die Erwartungen von neuen Mitarbeitern tatsächlich zu hoch sind (vgl. zusammenfassend Kieser et al., 1990, S. 13ff.). In einer empirischen Studie beim Auto-Hersteller Ford waren die Erfahrungen von 1010 neuen Mitarbeitern gegenüber ihren Erwartungen tendenziell besonders schlecht für die vier Aspekte Aufstiegsmöglichkeiten, interessante Arbeit, Zielerreichung und Einbringen eigener Fähigkeiten. Für die Gruppe derjenigen Mitarbeiter, die binnen eines Jahres Ford wieder verließen, war die Divergenz zwischen Erwartungen und Erfahrungen besonders eklatant (Dunnette, Arvey, Banas, 1973, S. 37; vgl. ähnliche Ergebnisse bei Kieser et al., 1990, S. 73).

Wanous et al. (1984, S. 670) bezeichnen diese erste Sozialisationsstufe als „Konfrontation mit der organisatorischen Realität". Diesen Gedanken aufgreifend kann ein effektives Erwartungsmanagement daran ansetzen, diesen Konfrontationsprozess möglichst frühzeitig anzustoßen. Ein wesentliches Mittel sind in diesem Kontext realistische Jobbeschreibungen. Während Personalgewinnung traditionell damit einhergeht, talentierten Bewerbern das Unternehmen „zu verkaufen" (vgl. Wanous, 1980, S. 35), entwickelt sich im Laufe der Human Relations Bewegung der Gedanke, dass eine realistische Darstellung des Unternehmens und der angestrebten Aufgabe langfristig zielführender sind, da sie enttäuschten Erwartungen vorbeugen. So fand Weitz (1956) in einer Studie an Versicherungsagenten, dass der Einsatz realistischer Jobbeschreibungen die Kündigungsrate innerhalb der ersten 6 Monate um 30% senken konnte.

Realistische Jobbeschreibungen können nicht nur in Form von Broschüren an die Bewerber weitergegeben werden (dies ist aufgrund der besseren Standardisierbarkeit in vielen labor- und feldexperimentellen Studien zu dieser Thematik der Fall, vgl. Morse and Popowitch, 2009, für einen Überblick). Alternative Methoden sind etwa unbeaufsichtigte Diskussionen mit zukünftigen Kollegen oder Firmenbesichtigungen (vgl. Kieser et al., 1990, S. 17).

In Bezug auf die besondere Situation von Führungskräften kann argumentiert werden, dass diese aufgrund ihrer langjährigen Berufserfahrung tendenziell hellhöriger auf schön gefärbte Jobbeschreibungen reagieren und damit immuner gegenüber zu hohen Erwartungen sind. Allerdings sind Führungskräfte aufgrund ihrer exponierteren Stellung im Unternehmen häufig schwierigen unternehmenspolitischen Konstellationen ausgesetzt, etwa Konflikten in der betrieblichen Mitbestimmung oder zwischen Unternehmenszentrale und dezentralen Einheiten. Solche Spannungsfelder können ebenso wie ungeschriebene Gesetze der Zusammenarbeit die Erledigung der eigenen Arbeit erheblich erschweren. Sie sind a priori schwer zu erkennen, sofern dem Stellenbewerber keine Insider-Informationen vorliegen. So erwartete der neue Chief Information Officer Peter Wroblowski des Konsumgüterherstellers Henkel etwa, dass die ihm unterstellten Mitarbeiter die Einhaltung einer wichtigen Frist selbständig sicherstellten. Dies passierte jedoch nicht. „Mit meiner Interpretation lag ich 100% daneben. So etwas kann fatale Folgen haben." (zit. n. Terpitz, 2008).

Ein Problem realistischer Jobbeschreibungen sind Selbst-Selektions-Effekte: V.a. Untersuchungen zum Bewerber-Pool zeigen, dass schon in der Stellenausschreibung dargebotene realistische Fakten hochqualifizierte Bewerber abschrecken (vgl. Bretz, Judge, 1998). Meglino, DeNisi und Ravlin (1993) konnten zudem nachweisen, dass negative Information vor allem auf berufserfahrene Stelleninteressenten abschreckend wirken. Morse und Popowitch (2008, S. 6) jedoch argumentieren, dass dieser negative Selektionseffekt vermieden werden kann, wenn zwar realistische, aber nicht explizit negative Informationen an Stelleninteressenten weitergegeben werden. Nach Ansicht von Kieser et al. (1990, S. 17) führen realistische Jobbeschreibungen zu einer stärkeren inneren Bindung des „Neuen" an das Unternehmen, da dieser sich trotz widriger Aspekte des Arbeitsumfeldes für die Stellen entscheidet.

Ein weiteres Instrument des Erwartungsmanagements ist im Führungskräfte-Segment das Coaching. Schreyögg (2003, S. 11f.) versteht unter Coaching eine „professionelle Form der Managementberatung", im Rahmen derer Führungskräfte unter vier Augen oder in einer Kleingruppe für sie relevante Probleme mit einem Berater besprechen, dessen Ziel es wiederum ist, das Selbstmanagement seiner Klienten zu fördern. Als besonders wirkungsvoll wird betrachtet, wenn der Coach schon vor dem eigentlichen Stellenantritt aktiv wird. Über Interviews mit Entscheidungsträgern und zukünftigen Mitarbeitern der neuen Führungskraft kann ein Coach schon im Vorfeld Erwartungen aufdecken, die ansonsten unausgesprochen bleiben (vgl. Terpitz, 2008). Beim Konsumgüterhersteller Henkel etwa wird neuen Top-Managern ein Jahr lang ein externer Coach zur Seite gestellt, der zwei Stunden pro Monat mit den Neuen Problemlösungen diskutiert. Ein Coaching-Teilnehmer bei Henkel resümiert: „Es hilft sehr, im Gespräch seine Gedanken zu strukturieren und über die eigene Rolle im Job zu reflektieren. Mit Kollegen kann man ja nicht so unbefangen reden, und oft fehlt auch einfach die Zeit dafür." (zit. n. Terpitz, 2008).

Systematische Studien zur Wirkung von Coaching bei neueintretenden Führungskräften gibt es bislang nicht. Allerdings verweisen meta-analytische Studien auf die hohe generelle Wirksamkeit von Führungskräfte-Coachings (vgl. etwa Künzli, 2005). Künzli (2005, S. 240) fasst die Wirkungen von Coaching folgendermaßen zusammen: „Menschen (…) erhöhen ihre Reflexionsfähigkeit und ihre Führungskompetenzen, sie verändern ihr Beziehungsverhalten, handeln und kommunizieren effektiver und verhelfen ihren Organisationen zu mehr Ertrag." Vor diesem Hintergrund ist es zumindest wahrscheinlich, dass diese neu erworbenen Kompetenzen für die Führungskräfte auch bei der Gestaltung des Neueinstiegs in einem Unternehmen förderlich sind.

4.3.2. Aufbau informeller Beziehungsnetze

Die Managementforschung hat in den letzten 20 Jahren verstärkt die Bedeutung informeller Netze innerhalb von Organisationen erkannt. David Krackhardt and Jeffrey Hanson (1997, S. 37) beschreiben diese Bedeutung folgendermaßen:

„If the formal organization is the skeleton of the company, the informal is the central nervous system driving the collective thought processes, actions and reactions of its business units."

Besonders bei Auftreten unerwarteter Probleme, die nicht über die formal-organisatorischen Routinen gelöst werden können, kommen informelle Netzwerke

zum Tragen (Krackhardt, Hanson, 1997, S. 37). Für eine neu eingestellte Führungskraft ist es somit wichtig, möglichst schnell ein solches Netzwerk aufzubau-
en, um auch bei unvorhersehbaren Problemen die notwendigen Entscheidungen
fällen zu können. Das betriebliche Eingliederungsmanagement kann entscheidend
dazu beitragen, dass dieses Netz schnell geknüpft wird. In einem ersten Schritt
kann dazu ein Netzwerkplan erstellt werden, der, analog zu einer Netzwerkanalyse
bestehender informeller Netze, das ideale Netzwerk der neuen Führungskraft darstellt (vgl. hier und im Folgenden Dai, De Meuse, 2007, S. 8). Dies kann bereits
vor Eintritt des neuen Managers in die Organisation geschehen. Voraussetzung für
die Erstellung eines solchen Planes ist eine genaue Kenntnis der Managementauf-
gabe und des bestehenden Netzwerkes in dem jeweiligen Funktions- oder Ge-
schäftsbereich. Ohne den Ausführungen in Kapitel 5 vorgreifen zu wollen, wird
hier deutlich, dass ein solcher Netzwerkplan nicht isoliert von einem Mitarbeiter
der zentralen Personalabteilung aufgestellt werden kann, sondern es der Mitwir-
kung der Beteiligten im unmittelbaren Umfeld der zu besetzenden Position bedarf.
Wird die Managementposition nicht gerade aufgrund von Schlechtleistung des
bisherigen Positionsinhabers neu besetzt, kann es etwa sinnvoll sein, den scheiden-
den Manager um eine Darstellung „seines" informellen Netzwerkes zu bitten.

Sind so die wesentlichen Kontaktpersonen für den neuen Manager identifi-
ziert, können im nächsten Schritt Maßnahmen konzipiert werden, um den „Neuen"
in Kontakt zu diesen Organisationsmitgliedern zu bringen. Gelegenheiten zum
Netzwerken können auf verschiedene Weise geschaffen werden. Eine Möglichkeit
besteht darin, regelmäßige Treffen zwischen den neuen und alteingesessenen Führungskräften zu organisieren. Ein eleganter Weg kann hier die frühzeitige Einbindung der Manager in das konzerneigene Führungskräfte-Entwicklungsprogramm
sein. In vielen dieser Programme werden Manager sog. Führungskreisen zugeordnet (vgl. etwa Arnst, 1997, S. 205ff. zu Führungskreisen bei der Commerzbank).
Innerhalb dieser Managergruppen finden dann die Personalentwicklungsmaßnahmen statt. Aufgrund der (mehr oder minder) festen personellen Zusammensetzung
dieser Gruppe und der i. d. R. längeren Laufzeit dieser Programme bieten sie eine
gute Plattform, um Kontakte zu knüpfen und zu pflegen. Nachteilig kann sich aus-
wirken, dass diese Kontakte sich nur auf gleichgestellte Führungskräfte beziehen.
Ein Führungskräfteprogramm kann somit einen Anstoß für die Bildung eines informellen Netzwerkes liefern, macht jedoch weiteres Networking jenseits dieser
Gruppe notwendig.

Ähnlich funktionieren auch sog. „Buddy-Programme" (vgl. Dai, de Meuse,
2007, S. 8), die neuen Managern einen Sparringspartner zuordnen, welcher dem

„Neuen" hinsichtlich Rang und demographischer Merkmale möglichst ähnlich ist, aber schon längere Berufserfahrung in der Organisation sammeln konnte.

Einen anderen Ansatzpunkt wählen Mentoring-Programme. Hier ist es das Ziel, neue Mitarbeiter mit Managern in Kontakt zu bringen, die hierarchisch höher gestellt sind und über wesentlich mehr Berufserfahrung verfügen als der oder die „Neue" (zum Mentoren-Konzept vgl. Schanz, 2000, S. 405). In einer gut funktionierenden Mentorenbeziehung eröffnet die Seniorität des Mentors dem Mentee Zugang zu höheren Führungskräftezirkeln. Diese Kontakte können für die Lösung unvorhergesehener Probleme einen noch höheren Stellenwert haben als Kontakte unter gleichrangigen Managern.

Alle vorgestellten Maßnahmen der Kontaktförderung helfen der neuen Führungskraft jedoch nur dann dazu, ein informelles Netzwerk zu knüpfen, wenn bestimmte Voraussetzungen erfüllt sind. So muss die neue Führungskraft ein Interesse daran besitzen, diese Kontakte zu knüpfen. Denkbar ist, dass ein neuer Manager aus Zeitmangel oder Gründen der Aufgabenpriorisierung zunächst kein Interesse daran hat, in den Aufbau eines informellen Netzwerkes zu investieren. Offensichtlich hat es wenig Sinn, Führungskräfte zur Teilnahme an Mentoring- oder Buddy-Programmen zu zwingen (allerdings zeigt sich in der empirischen Forschung, dass auch Mentees, die automatisch an einem Mentoring-Programm teilnehmen, von diesem profitieren können, vgl. Allen, Lenz, Eby, 2006). Die Freiwilligkeit ist jedoch eine doppelte: Auch die etablierten Organisationsmitglieder müssen ein Interesse daran aufbringen, den neuen Manager in ihre informellen Netzwerke einzubinden. Dies ist keineswegs selbstverständlich. In stark von internen Seilschaften geprägten Unternehmen kann es für von außen kommende Führungskräfte sehr schwierig sein, Zugang zu diesen Kreisen zu erhalten. Dies kann etwa der Fall sein, wenn die neue Führungskraft als weibliche Managerin in einem von Männern dominierten Führungszirkel eintritt (vgl. Davies-Netzley,1998).

4.4. Kritische Würdigung des dargestellten Instrumentariums

Die vorangegangene Darstellung möglicher Methoden der Führungskräfte-Integration erhebt keinen Anspruch auf Vollständigkeit. Vielmehr zeigt sie auf, welche bekannten personalwirtschaftlichen Instrumente bei der Integration neuer Führungskräfte in ein Unternehmen gute Dienste leisten können. Dass viele dieser Instrumente aus der Personalentwicklung stammen, ist kein Zufall: Begreift man Personalentwicklung als systematische Förderung und Weiterentwicklung des Personals (vgl. Mentzel, 2008, S. 2; vgl. ähnlich auch Neuberger, 1994), so stellt die Einarbeitungsphase nur den logischen ersten Schritt in dieser Entwicklung dar.

Ähnlich wie in der „klassischen" Personalentwicklung zeigt sich auch hier, dass es kein Standardvorgehen in der Einarbeitung neuer Führungskräfte geben kann. Nicht allein muss das Vorgehen auf die persönlichen Bedürfnisse der neuen Führungskraft zugeschnitten sein, die angewendeten Methodiken müssen auch der Kultur des Unternehmens entsprechen. So kann ein neu aufgelegtes Mentorenprogramm für neue Führungskräfte schon daran scheitern, dass sich keine Mentoren finden, weil der Sinn eines solchen Programms den etablierten Managern nicht einsichtig ist. Aus dieser Überlegung den Schluss zu ziehen, ein gutes Integrationsprogramm für neue Manager bestünde im wesentlichen aus den gleichen bekannten Einarbeitungsmaßnahmen, die seit Jahren neue Mitarbeiter ohne Führungsverantwortung durchlaufen, greift allerdings deutlich zu kurz. Wie an mehreren Stellen dieses Kapitels gezeigt werden konnte, haben nicht zuletzt aufgrund der übertragenen Führungsverantwortung Führungskräfte andere Bedürfnisse in der Einarbeitungsphase.

Ebenso in Analogie zur „klassischen" Personalentwicklung erscheint auch hier die Evaluation des Führungskräfteintegrationsprogramms sinnvoll (zum Personalentwicklungscontrolling allgemein vgl. Freimuth, Meyer, 1997, S. 179ff.). Gerade angesichts der vielfältigen Möglichkeiten in der Ausgestaltung ist es sinnvoll, von den Teilnehmern eines solchen Programms rückblickend ein genaues Feedback einzuholen, inwieweit sie von den einzelnen Programmbausteinen profitiert haben. Dies gilt umso mehr für neue Führungskräfte, die frühzeitig selbst kündigen oder innerhalb der Probezeit gekündigt werden. In einem Exit-Interview kann hier der Versuch unternommen werden, zumindest retrospektiv Schwachstellen des Integrationsprozesses aufzudecken (zu Aufwand und Ergebnis von Exit-Interviews vgl. aber die kritische Analyse von Jurkiewicz, Giacalone, Knouse, S. 269ff.).

Bemerkenswert ist, dass der Aspekt der Führungsverantwortung in der vorhandenen, weitgehend präskriptiven Literatur zur Führungskräfte-Integration kaum eine nennenswerte Rolle spielt (vgl. stellvertretend Mercer Delta, 2006, Lee, 2006). Stattdessen kreisen viele Autoren um die Bedeutung informeller Netzwerke und unentschlüsselter Unternehmenskulturen (vgl. stellvertretend Terpitz, 2008) Ohne die Bedeutung dieser Faktoren in Abrede stellen zu wollen, muss jedoch konstatiert werden, dass die Führung der zugeordneten Mitarbeiter eine wesentliche Anforderung an jeden neuen Manager darstellt und deshalb von zentraler Bedeutung für die Eingliederungsphase ist. Dies gilt umso mehr, als einige neue Füh-rungskräfte aus (externen) Expertenpositionen heraus rekrutiert werden und noch keine Führungserfahrung haben. Hier besteht aus unternehmenspraktischer wie wissenschaftlicher Sicht ein bislang kaum erfülltes Erkenntnisinteresse.

5. Mögliche Rollen des HR-Managements bei der Führungskräfte-Integration

5.1. Die Personalabteilung als zentraler Integrationsmanager

Die Ausführungen in Kapitel 4 haben das Spektrum möglicher Maßnah-men der Führungskräfte-Integration deutlich werden lassen. Entscheidet sich ein Unternehmen dafür, einige oder sogar alle der genannten Instrumente anwenden zu wollen, stellt sich im nächsten Schritt die Frage der Zuständigkeiten: Wer hält die dargestellten Instrumente vor, wer wendet sie an, wer kontrolliert ihre Wirksam-keit? Mentoring-Programme, Zielvereinbarungen und die weiteren vorgestellten Konzepte sind aus akademischer Sicht fester Bestandteil des methodischen Portfo-lios der Personalführung und Personalwirtschaftslehre (vgl. etwa Drumm, 2008). Daher ist es als Lösung des Zuständigkeitsproblems naheliegend, den kompletten Prozess der Führungskräfte-Integration den Spezialisten in der Personalbteilung zu überlassen. Darüber hinaus verantwortet die Personalabteilung in der Regel neben der Personalakquisition auch die Personalentwicklung, so dass es nur folgerichtig ist, den HR-Fachleuten auch die Steuerung der Personalintegration als Zwischen-schritt zwischen Personalakquisition und –(weiter-)entwicklung zu übertragen (für eine ähnliche Argumentation vgl. Rehn, 1990, S. 5).

Da Management-Positionen in den meisten Unternehmen eher selten durch externe Kandidaten besetzt werden, erscheint es in der Praxis sinnvoll, die Experti-se zu diesem Thema in der zentralen Personalabteilung zu bündeln anstatt Perso-nalexperten in den dezentralen Einheiten vorzuhalten. Das Aufgabenfeld „Füh-rungskräfte-Integration" könnte entsprechend etwa der Arbeitsgruppe innerhalb der Personalabteilung zugeordnet werden, die sich mit der Führungskräfte-Entwicklung befasst. Verantwortlich für die Konzeption, Durchführung und Evalu-ation der Integrationsmaßnahmen wäre dann jeweils die zentrale Personalabteilung. Der direkte Vorgesetzte der neuen Führungskraft steuert in diesem Modell Infor-mationen zur Planung des Integrationsprogramms im Einzelfall zu, nimmt anbe-raumte Termine mit der neuen Führungskraft wahr und liefert, soweit vorgesehen, Beiträge zur Evaluation des Programms.

Das dargestellte Modell entspricht dem Prototyp einer zentralisierten Personalwirtschaft, die neben den genuin personalwirtschaftlichen Aufgaben auch die Koordination der personalbezogenen Aufgaben der Führungskraft übernimmt (vgl. zum Grundmodell Wagner, 1994, sowie Drumm, 2008, S. 62). Eine solche Bündelung von Aufgaben bringt viele grundsätzliche Vorteile mit sich. Neben Größeneffekten („economies of scale"), die sich etwa in geringeren Kosten für die zentral eingekauften Stunden eines externen Coaches niederschlagen, spielen vor allem Verbundeffekte („economies of scope") eine Rolle. Durch die Bündelung kann die zentrale Personalabteilung gezielt Experten zur Führungskräfteintegration ausbilden bzw. über den Arbeitsmarkt beschaffen und im Laufe der Zeit diese Expertise über die Durchführung vieler Integrationsprogramme für neue Manager gezielt ausbauen. Gleichzeitig ist sie durch die Zentralisierung dieser Aufgabe in der Lage, unternehmensweit gleiche Standards in der Führungskräfteintegration durchzusetzen. Ein weiterer Vorteil der Zentralisierung ist die Möglichkeit, die Wirksamkeit der Führungskräfteintegration gezielt zu überwachen und daraus Rückschlüsse für die Weiterentwicklung des unternehmenseigenen Ansatzes zu ziehen. Wird in einem Unternehmen auch die Führungskräfte-Entwicklung von der Personalabteilung zentral gemanagt, so entstehen weiterhin Bündelungseffekte durch die gemeinsame Koordination von Integrations- und Entwicklungsprogramm.

Ergänzend zu diesen grundsätzlichen Effekten sind strategische Vorteile des betrachteten Modells zu bedenken. Ein Engagement der Personalabteilung in der Führungskräfte-Integration hilft, die strategische Rolle des HR-Managements im Unternehmenskontext zu schärfen. So bezeichnet etwa Storey, (1995, S. 75ff.) das Karrieremanagement für Führungskräfte als eines von drei Unternehmensaktivitäten, bei der die Personalabteilung als strategischer Partner der Unternehmensleitung aktiv werden kann. Die Führungskräfteintegration ist neben der Führungskräfteentwicklung hierbei ein wesentlicher Baustein. Gleichzeitig kann sich die Personalabteilung gegenüber der neuen Führungskraft als kompetenter Ansprechpartner profilieren: Gewinnt der Manager den Eindruck, die Personalabteilung treibt seine Integration effektiv und effizient voran, wird er auch zukünftig bei Personalfragen eher geneigt sein, auf die Expertise der Personalabteilung zurückzugreifen. Iniitiatives Handeln des HR-Managements beugt dem gängigen Urteil vieler Unternehmensbeschäftigter vor, bei den Mitarbeitern der Personalabteilung handele es sich um „administrative Autisten" (zit. n. Reinhold, 2009).

Diesen Vorteilen stehen allerdings auch einige grundsätzliche Nachteile gegenüber. Als wesentlichen Nachteil nennt Drumm (2008, S. 63) die Problemferne der zentralen Personalabteilung. Im schlechtesten Fall kennt die zentrale Personalabteilung die näheren Umstände der Stellenneubesetzung ebenso wenig wie den direkten Vorgesetzten der neuen Führungskraft. Unter solchen Umständen ist es schwer, ein zielgerichtetes Integrationsprogramm aufzusetzen. Diese Problemferne lässt sich allerdings verkleinern, wenn die Personalabteilung bereits in die Phase der Stellenausschreibung und Personalauswahl maßgeblich eingebunden ist. Eng verbunden mit der Problemferne ist die Gefahr eines „Overengineerings" des Integrationsprozesses, also der komplexeren Ausgestaltung des Prozesses als erforderlich (zum Overengineering von Prozessen allgemein vgl. Davenport, 1995, S. 24ff.). Weil die Experten in der Personalabteilung sämtliche Integrationsinstrumente unmittelbar zur Verfügung haben, könnten sie geneigt sein, diese auch möglichst vollständig im Einzelfall einsetzen zu wollen. Dies ist treibt die Kosten des Integrationsprogramms unnötig in die Höhe. Auch hier kann eine frühzeitige Einbindung in die Personalakquisitionsphase und der gezielte Informationsaustausch mit dem direkten Vorgesetzen des oder der „Neuen" kostenträchtigen Auswüchsen vorbeugen.

Ein weiterer Aspekt dieses Problems kann die mangelnde Akzeptanz des Integrationsprogramms durch den Vorgesetzten der neuen Führungskraft sein. Wird dem „Neuen" von Anfang an signalisiert, bei dem Integrationsprogramm handele es sich um praxisfernen Unfug aus der Zentrale, so ist ein solches Programm zum Scheitern verurteilt. Dieser Umstand deutet auf ein strukturelles Manko des zentralistischen Modells hin: Da das komplette Integrationsprogramm von der Personalabteilung verantwortet wird, wird der direkte Vorgesetzte in der Phase der Integration quasi aus seiner Führungsrolle entlassen: Er ist nicht zuständig dafür, dass der „Neue" schnell Fuß fasst. Verlässt die neue Führungskraft nach kurzer Zeit das Unternehmen, so kann dies nicht dem eigentlichen Vorgesetzten zum Vorwurf gemacht werden. Diese Art der Verantwortungsallokation öffnet den Raum für taktische Spiele seitens des Vorgesetzten, um missliebige Kandidaten frühzeitig zur Aufgabe zu bewegen, ohne das formale Instrument der Kündigung in der Probezeit nutzen zu müssen.

5.2. Die Personalabteilung als Wegbereiter des Integrationsprozesses

Aus den erörterten Nachteilen des in Kapitel 5.1 dargestellten zentralistischen Modells lässt sich ablesen, dass für das Gelingen des Integrationsprogramms die Abstimmung mit dem direkten Vorgesetzten der neuen Führungskraft wesentlich ist. In der Folge erscheint es daher sinnvoll, diesen Vorgesetzten sowie das weitere Umfeld gezielter in das Integrationsprogramm einzubeziehen. Faktisch kann die Rollenverteilung dann so aussehen, dass die zentrale Personalabteilung nur noch die grundsätzliche, einzelfallübergreifende Konzeption des Führungskräf-teintegrationsprogramms ausarbeitet und die möglichen Instrumente vorhält (etwa die Rahmenverträge mit einem externen Coach aushandelt). Der direkte Vorgesetz-te der neuen Führungskraft entscheidet dann über die konkrete Ausgestaltung des Integrationsprogramms. Fachlich unterstützt wird der Vorgesetzte dabei von einem (dezentral angesiedelten) Personalreferenten (zu einem solchen Modell vgl. grund-sätzlich Thom, Nadig, 1993, S. 85).

Ein wesentlicher Vorzug dieses Modells liegt in der Überbrückung der „Problemferne" der zentralen Personalabteilung durch den „vor Ort" in der Ge-schäftseinheit ansässigen Personalreferenten (vgl. Drumm, 2008, S. 64): Der Refe-rent kennt im Idealfall den tatsächlichen Integrationsbedarf und kann dem Vorge-setzten dann ein entsprechend vorselektiertes Integrationsprogramm für die neue Führungskraft vorschlagen. Ein weiterer Vorzug sind reduzierte Koordinationskos-ten sowohl auf Seiten der Spezialisten in der zentralen Personalabteilung als auch auf Seiten des Vorgesetzten der neuen Führungskraft durch die Vermittlerrolle des dezentralen Personalreferenten. Von Vorteil ist weiterhin, dass die zentrale Koor-dination der Führungskräfte-Integration trotz Umsetzung vor Ort nicht aufgegeben wird: Durch die steuernde Funktion der Personalabteilung ist es möglich, unter-nehmenseinheitliche Standards durchzusetzen und das Programm zentral weiterzu-entwickeln.

Für eine solche Organisation personalwirtschaftlicher Aufgaben wurde in den vergangenen Jahren der Begriff des „HR Business Partner" geprägt (vgl. kri-tisch dazu Lawler, 2005, S. 144). Dieser Begriff umschreibt das Idealbild einer Personalabteilung, die neben den notwendigen rechtlichen und administrativen Aufgaben direkt wertschöpfend wirkt, indem sie die Leistung einer Geschäftsein-heit etwa durch ein gezieltes Talentmanagement verbessert.

Die Begeisterung für das „HR Business Partner"-Modell in der Literatur ist jedoch über die letzten Jahre deutlich abgeebbt. In der unternehmerischen Praxis hat sich nämlich die Umsetzung dieses Modells als problematisch erwiesen. Ein Problem sind erhöhte Kosten der Personalfunktion, da neben der zentralen Perso-nalabteilung auch dezentrale Referenten in allen Unternehmensteilen eingesetzt werden (vgl. Drumm, 2008, S. 65). Gleichzeitig erhöht die Teilung der Personal-funktion in eine Zentralabteilung und ein dezentrales Referentensystem die Kom-plexität bei der Bearbeitung personalwirtschaftlicher Aufgaben. In der Praxis geht diese Komplexität oft einher mit Kompetenzstreitigkeiten: Die dezentralen Perso-nalreferenten werfen den Kollegen in den Grundsatzabteilungen der Zentrale vor, für die Praxis unbrauchbare Personalinstrumente zu entwickeln. Der Vorwurf aus der Gegenrichtung lautet, die dezentralen Personalreferenten seien nicht fähig oder nicht willens, die Implementierung der Instrumente zu unterstützen. Ein weiteres Problem ergibt sich an der Schnittstelle zwischen dezentralem Personalreferent und direktem Vorgesetztem: Da der Referent im vorgestellten Modell eine explizit beratende Funktion einnimmt, besteht die Gefahr, dass ein Personalintegrationsprogramm kaum implementiert wird, weil die betroffenen Vorgesetzten dies nicht für sinnvoll halten.

Lawler (2005, S. 150f.) gibt als Lösung der Probleme des „Business Partner"-Modells die Prämisse aus, ultimatives Ziel einer als „Business Partner" aufgestellten Personalabteilung müsse die Herstellung organisationaler Effektivität sein. Die organisatorische Abarbeitung der Integrationsaufgabe im Sinne des vorgestellten Referentensystems ist demzufolge nur dann sinnvoll, wenn sie den Integrationsprozess von Führungskräften wirksamer macht als jedes andere organisatorische Modell; anderenfalls sollte dieses Modell verbessert oder abgelöst werden.

5.3 Die Personalabteilung als delegierende Instanz in der Führungskräfte-Integration

„Mitarbeitereinführung am Arbeitsplatz ist Führungsaufgabe. Sie ist nicht delegierbar." (Universität Bremen, 2001, S. 5, zit. n. Verfürth, 2008, S. 133; vgl. auch eine ähnliche Auffassung bei Brenner, Brenner, 2001, S. 2). Legt man ein solches Grundverständnis zugrunde, ergibt sich ein vollständig anderes Bild der Aufgabenverteilung von HR-Management und direktem Vorgesetztem: Letzterer ist verantwortlich für die Planung, Durchführung und gegebenenfalls Evaluation des Integrationsprogramms, welches die ihm unterstellte neue Führungskraft durchläuft. Die Experten der Personalabteilung unterstützen den Vorgesetzten hierbei durch ihre Expertise.

Diese Rollenverteilung erscheint auf den ersten Blick ineffektiv und ineffizient: Warum sollte etwa ein Bereichsleiter IT für den ihm unterstellten Leiter des IT-Projektmanagements dessen Einführungsphase vorbereiten, deren Durchführung überwachen und evaluieren? Es gibt mehrere gute Gründe, diese Personalentwicklungsaufgabe im weiteren Sinne dem direkten Vorgesetzten als „Nicht-HR-Fachmann" zu übertragen. Diese Gründe lassen sich aus der Bedeutung ableiten, die der direkte Vorgesetzte als nächsthöherer Vorgesetzter auf die neue Führungskraft sowie die von dem/der „Neuen" geführten Mitarbeiter hat (vgl. hier und im Folgenden Weibler, 1994, zusammenfassend S. 294ff.). Weibler (1994, S. 300f.)

zufolge kann der nächsthöhere Vorgesetzte als Repräsentant seines Verantwortungsbereichs verstanden werden; als solcher ist er für strategische und grundsätzliche Aufgaben verantwortlich. Diese Repräsentatoren-Rolle legt es nahe, neue Führungskräfte persönlich und umfassend in diesen Verantwortungsbereich einzuführen. Einfluss übt der direkte Vorgesetzte auch als Controller aus: Er überwacht die Einhaltung von Führungsstandards in seinem Einflussbereich. Es kann ihm deshalb nur daran gelegen sein, dass der unterstellte neue Manager möglichst frühzeitig eine solide Arbeitsbeziehung zu den ihm neu zugeordneten Geführten aufbauen kann. Dazu kann der direkte Vorgesetzte im Rahmen der Einführungsphase die unmittelbaren Voraussetzungen schaffen.

Es versteht sich von selbst, dass der direkte Vorgesetzte auch im vorliegenden Modell nicht auf den Beitrag der HR-Experten verzichten kann: Um bestimmte Prozesse (etwa ein Coaching-Programm) aufzusetzen, bedarf es der zentralen Koordination durch die Personalabteilung (vgl. Drumm, 2008, S. 65). Scherm (1995, S. 644) spricht deshalb auch in diesem Fall von einer kooperativen Form der Aufgabenverteilung. Wesentlicher Faktor dieses Modells ist jedoch, dass das Personalintegrationsprogramm der neuen Führungskraft die „Handschrift" des jeweiligen Vorgesetzten trägt und dieser Vorgesetzte in dem Programm deutlich präsent ist. Dadurch ist es möglich, das Integrationsprogramm möglichst direkt an den Bedürfnissen des Bereichs, in dem die neue Führungskraft zum Einsatz kommt, auszurichten. Bartlett und Goshal (1995, S. 136) nennen als Beispiel für einen im hier dargestellten Sinne personalwirtschaftlich aktiven Manager den in den 1990er Jahren als Vice Chairman bei PepsiCo fungierenden Roger Enrico. Dieser war dafür bekannt, die Hälfte seiner Arbeitszeit mit der aktiven Gestaltung von Seminaren sowie dem direkten Coaching des Führungskräftenachwuchses zu verbringen.

Die Nachteile dieses Organisationsmodells sind naheliegend: Tritt das HR-Management lediglich als delegierende Instanz auf, verliert es die Möglichkeit, Integrationsprogramme zu steuern und unternehmensweit zu vereinheitlichen. Damit effiziente Führungskräfteintegration in den hier dargestellten Strukturen stattfindet, müssen die nächsthöheren Vorgesetzten über den Willen und die notwendige Fähigkeit verfügen, ein solches Programm zu entwerfen und durchzuführen (vgl. auch die Argumentation in Drumm, 2008, S. 65f.). Während die Fachexperten aus der Personalabteilung den notwendigen Wissenstransfer anstoßen können, ist die Grundmotivation der Vorgesetzten schwerer beeinflussbar. Zwar ist gemäß der weiter oben dargestellten Rollenzuschreibung zu erwarten, dass der nächsthöhere Vorgesetzte motiviert ist, „seine" neue Führungskraft schnell zu integrieren. Allerdings kann er, v.a. wenn die Personalentscheidung gegen seinen Willen ausgefallen ist, durch sein fehlendes Engagement in der Einarbeitungsphase den Wiederaustritt des „Neuen" aus der Unternehmung auch aktiv beschleunigen.

5.4. Kritische Würdigung der möglichen Rollen des HR-Managements

Die im vierten Kapitel dargestellten Organisationsmodelle sind als Prototypen zu verstehen, die deutlich machen, wie weit der Implementierungsrahmen reicht: Das HR-Management kann ein Integrationsprogramm in alleiniger Verantwortung vorantreiben, es kann aber auch diese Aufgabe vollständig an die direkten Vorgesetzten der neuen Führungskräfte delegieren. Wie die Ausführungen gezeigt haben, existieren für alle Variante nVor- und Nachteile. Die im Titel dieser Arbeit gestellte Frage, ob es sich bei der Führungskräfte-Integration um eine Aufgabe des HR-Managements handelt, lässt sich also nicht eindeutig beantworten. Vielmehr obliegt es den Entscheidern, das im jeweiligen Unternehmenskontext bestmögliche Modell zu wählen (zu Entscheidungsregeln bezüglich der Lokalisation personalwirtschaftlicher Aufgaben vgl. noch einmal Drumm, 2008, S. 71ff).

Interessant ist allerdings, dass die vorliegende Literatur zur Thematik diese Frage gar nicht erst stellt: Der Praxisratgeber von Maier (2008) etwa enthält detaillierte Formblätter zu den einzelnen Phasen des Integrationsprozesses, die alle ein Freifeld mit dem Titel „Zuständigkeit/ Verantwortung" beinhalten. Die damit verbundene Frage, wer denn nun bestmöglich zuständig sein sollte, beantwortet er jedoch nicht. Andere Autoren, vor allem aus dem anglo-amerikanischen Sprachraum, gießen ihre Erkenntnisse zur Thematik in die Form praktischer Handlungsempfehlungen, ohne die Adressaten dieser Empfehlungen näher zu spezifizieren (vgl. etwa Cashman, Smye, 2007). Damit wird einmal mehr deutlich, dass hinsichtlich der Integration von Führungskräften ein Bedarf an fundierter Auseinandersetzung besteht, der über präskriptive „Best Practice"-Darstellungen hinausgeht.

6. Abschließende Beurteilung und Ausblick

Die vorangegangenen Ausführungen verfolgten zwei Zielsetzungen: Erstens zu klären, inwieweit Führungskräfte, die neu in ein Unternehmen eintreten, einen Unterstützungsbedarf bei der betrieblichen Eingliederung haben. Zweitens galt es zu untersuchen, ob, sofern ein solcher Bedarf besteht, dieser von den Fachexperten des HR-Managements befriedigt werden sollte. Es zeigt sich, dass beide Grundsatzfragen nicht eindeutig mit ja oder nein beantwortet werden können.

Wird eine Managementposition von außen neu besetzt, um neue Ideen in einen Unternehmensbereich zu bringen, so kann eine intensive Einbindung des „Neuen" in die etablierten Führungszirkel über Buddy- oder Mentoring-Programme kontraindiziert sein – sie könnte dazu führen, dass der „Neue" dem Druck der Führungskräfteriege schnell nachgibt und sich in die bestehende Unternehmenskultur einordnet, statt neue Ideen im Unternehmen zu verbreiten. Eine innovative Rollenorientierung kann vielmehr durch ungesteuerte Sozialisationstaktiken hervorgebracht werden (vgl. das in Kapitel 3.1 diskutierte Modell von Jones, 1986).

Sind wir damit zurück bei der eingangs zitierten Aussage von Werner von Siemens: „Wer arbeiten will, findet hier genug Arbeit"? Diese Frage kann mit nein beantwortet werden. Wie die verhaltenswissenschaftliche Herangehensweise dieser Arbeit an vielen Stellen gezeigt hat, geht es eben nicht nur darum, den „Neuen" seine „Arbeit zu finden" und sie bestmöglich verrichten zu lassen, sondern die wesentlichen Einflussvariablen auf die arbeitenden Personen (etwa die Beziehung zum direkten Vorgesetzten und den unterstellten Mitarbeitern) zu erkennen und günstig zu gestalten. Schanz (2000, S. 6) spricht in diesem Zusammenhang pointiert vom Personal als „Träger lebendiger Arbeit". Der Unterstützungsbedarf von Führungskräften ist somit in hohem Maße von den Bedingungen des Einzelfalls abhängig und kann nicht pauschal als gegeben oder nicht gegeben eingestuft werden.

Hinsichtlich der Frage der Einbeziehung des HR-Managements haben die Ausführungen in Kapitel 5 gezeigt, dass es auch hierauf keine Pauschalantwort gibt. Die für das Unternehmen beste Lösung zu finden, ist sicherlich für die damit betrauten Praktiker keine leichte Aufgabe. Wesentliche Anhaltspunkte für die Gestaltung können die angesprochenen Skalen- und Bündelungseffekte ebenso wie die Frage der strategischen Gewichtung des Integrationsprozesses sein. In der Praxis dürften hier oftmals Machtfragen eine Rolle spielen, etwa, inwiefern die Personalabteilung sich als strategischer Partner der Führungskräfte oder der Unternehmensleitung positionieren kann oder in der Rolle des Administrators verharrt (vgl. Storey, 1995, S. 75ff. und die Diskussion in Kapitel 5.1). Ein weiteres Organisationsmodell, das in Kapitel 5 nicht näher beleuchtet wurde, ist das sogenannte Outsourcing, also die Vergabe der Integrationsaufgabe an externe Spezialisten. Die Frage ist allerdings, ob diese Beratungsangebote für das Unternehmen einen tatsächlichen Mehrwert schaffen. Dies gilt umso mehr, wenn diese Services von den Headhunter-Firmen angeboten werden, die zuvor die Personalakquisition der neuen Führungskraft übernommen haben. Dieses Modell, welches sich wachsender Beliebtheit erfreut (vgl. o.V. in Business Week,, 5.2.2007), eröffnet den Headhuntern nicht nur Zugang zum Talentpool des Unternehmens, sondern kann auch dazu führen, dass selbst schwachen Kandidaten über die Probezeit hinweggeholfen wird, um Fehler bei der Personalauswahl zu vertuschen.

Die Tatsache, dass die im Titel dieser Arbeit gestellte Frage auf den vorliegenden 30 Seiten nicht eindeutig beantwortet werden konnte, mag einige Leser verdrießen. Sie spiegelt jedoch den beträchtlichen Forschungsbedarf wider, der zu dieser Thematik besteht: Die in großer Zahl vorliegende präskriptive Literatur geht zu wenig auf Rahmenbedingungen und Erklärungsmodelle ein, als dass sich aus ihr Richtungsentscheidungen für den Einzelfall ableiten ließen. Allerdings hat die vorliegende Arbeit auch gezeigt, dass die Anwendung vorhandener verhaltenswissenschaftlicher Ansätze zu interessanten ersten Hypothesen führt. Es bleibt daher zu hoffen, dass die momentan bestehende Erkenntnislücke durch verhaltenswissenschaftliche Forschung in näherer Zeit verkleinert werden kann.

Literaturverzeichnis

Albert, H. (1967) Probleme der Wissenschaftslehre in der Sozialforschung. In: R. König (Hrsg.), Handbuch der empirischen Sozialforschung, Band 1, Stuttgart, S. 38-63

Allen, N.J./Meyer, J.P. (1990) Organizational tactics: A longitudinal analysis of links to newcomers' commitment and role orientation. In: Academy of Management Journal, 33, S. 847-858

Allen, T.D./Lentz, E./Eby, L.T. (2006) Mentorship behaviors and mentorship quality associated with mentoring programs: Closing the gap between research and practice. In: Journal of Applied Psychology, 91 (3) S. 567-578

Arnett, L./Higgins, L. (2004) by the numbers: Human resources, Houston

Arnst, I. M. (1997) Entdeckung und Entwicklung von Führungskräften mit Hilfe mehrstufiger Führungskreise. In Münch, J. (Hrsg.): Qualifikationspotentiale entdecken und fördern, Berlin, S. 199-218

Ashford, S.J./Black, J.S. (1996) Proactivity during organizational entry: The role of desire for control. In: Journal of Applied Psychology, 81, S. 199-214

Bardens, R.E. (1992) Einführung neuer Mitarbeiter, Gladbach

Bartlett, C.A./ Goshal, S. (1995) Changing the role of top management: Beyond systems to people. In: Harvard Business Press, März/Juni 1995, S.132-142

Bass, B.M.(1985) Leadership, psychology and organizational behaviour, New York

Bornefeld, G./Müller, D./Unger, H. (2004) Kontinuierliche Verbesserung durch Wissensaustausch, Netzwerke und Reflexion. In: lernen & lehren, 76, S. 163-169

Brenner, D./ Brenner, F. (2001) Implacement – neue Mitarbeiter erfolgreich einarbeiten und integrieren, Köln

Bretz, R.D./ Judge, T.A. (1998) Realistic job previews: A test of the adverse self-selection hypothesis. In: Journal of Applied Psychology 83 (2) S. 330–337

Buchanan, B. (1974) Building organizational commitment: Sources and content. In: Psychological Reports, 59, S. 1187-1198

Bühner, R./Akitürk, D. (2000) Die Mitarbeiter mit einer Scorecard führen. In: Harvard Business Manager, 22, S. 44-53

Burns, J.Z./Otte, F.L. (1999) Implications of leader-member exchange theory for human resources. In: Human Resource Development Quarterly, 10(3) S. 225-248

Cashman, K./ Smye, M. (2007) Onboarding. In: Leadership Excellence, 4, S. 5-8

Dai, G./ De Meuse, K.P. (2007) A review of onboarding research. White paper: Korn/Ferry International, Los Angeles

Davenport, T.H. (1995) Will participative makeovers of business processes succeed where reengineering failed?. In: Strategy & Leadership, 23 (1) S. 24-29

Davies-Netzley, S.A. (1998) Women above the glass ceiling. Perceptions on corporate mobility and strategies for success. In: Gender & Society, 12, S. 339-355

De Zube, D. (2009) Hidden meanings in BofA departures? eFinancialCarreers, online im Internet: http://news.efinancialcareers.com/News_ITEM/newsItemId-19540, Stand 10.10. 2009

Domsch, M./Gerpott, Th. (1992) Organisation des Personalwesens. In: Frese, E. (Hrsg.) Handwörterbuch der Organisation, 3. Aufl., Sp. 1934-1949

Drumm, H.-J. (2008) Personalwirtschaft, 6. Aufl., Berlin

Dunnette, M.D./Arvey, R.D./ Banas, P.A. (1973) Why do they leave?. In: Personnel, 50, S. 25-53

Endruweit, G. (2004) Organisationssoziologie, Stuttgart

Feyerabend, P. (1976) Wider den Methodenzwang, Frankfurt am Main

Frese, E. (1993) Grundlagen der Organisation. Die Organisationsstruktur der Unternehmung, Wiesbaden

Freimuth, J./Meyer, A. (1997) Evaluation und Personalentwicklungscontrolling. In: Freimuth, J./ Haritz, J./ Kiefer, B.-U. (Hrsg.) Auf dem Wege zum Wissensmanagement. Personalentwicklung in lernenden Organisationen, Göttingen, S. 179-190

Graen, G.B./Cashman, J. (1975) A role-making model of leadership in formal organizations: A developmental approach, In J.G. Hunt, J.G./ Larson, L.L., Leadership frontiers, S. 143-166, Kent (Ohio)

Graen, G.B./Uhl-Bien, M. (1995) Relationship-based approach to leadership : Development of leader-member exchange (LMX) theory of leadership over 25 years : Applying a multi-level multi-domain perspective, Leadership Quarterly, 6 (2) S. 219-247

Hansen, J./ Kelber, M.F./ Zeißig, R./ Breezmann, A./ Confurius, M. (2006) Rechtsstellung der Führungskräfte im Unternehmen, München

Hawkins, J./Blaine, D./Nielson, D./Tiernan, T. (2006) Delegation and agency in international organizations, Cambridge

Hentze, J./ Kammel, A. (2001) Personalwirtschaftslehre, 7. Aufl., Bern/ Stuttgart/ Wien

Hurrelmann, K. (1998) Einführung in die Sozialisationstheorie, 6. Aufl., Weinheim

Jones, G.R. (1986) Socialization tactics, self efficacy, and newcomers' adjustment to organizations. In: Academy of Management Journal, 29, S. 262-279

Jurkiewicz, C.L./Giacalone, R.A./Knouse, S.B. (2009) Exit surveys: Are they worth the effort?, in Farazmand, A. (Hrsg.) Bureaucracy and administration, Boca Raton (FL) S. 169-178

Katz, R. (1978) The influence of job longevity on employee reactions to task characteristics. In: Human Relations, 31, S. 703-725

Kieser, A./Nagel, R./Krüger, K-H./Hippler, G. (1990) Die Einführung neuer Mitarbeiter in das Unternehmen, 2. Aufl., Neuwied/ Frankfurt

Klaetetzki, T. (2008) Sozialisation in Gruppen und Organisationen. In: Hurrelmann, K./ Grundmann, M./ Walper, S. (Hrsg.) Handbuch Sozialisationsforschung, 7. Aufl, S. 351-371

Kocka, J. (1969) Unternehmensverwaltung und Angestelltenschaft am Beispiel Siemens 1847-1914, Stuttgart

Krackhardt, D./ Hanson, J. (1997) Informal networks: The company behind the chart. In: Prusak. L. (Hrsg.) Knowledge in Organizations, Boston, S. 37-50

Künzli, H. (2005) Wirksamkeitsforschung im Führungskräfte-Coaching. In: Organisations-beratung – Supervision – Coaching, 3/2005, S. 231-243

Lang, K. (2006) Bildungs-Controlling: Personalentwicklung effizient planen, steuern und kontrollieren, Wien

Lawler, E. E. (1973) For a more effective organization – match the job to the man. In: Organizational Dynamics, 3, S. 19-29

Lawler, E. E. (2005) From human resources management to organizational effectiveness. In: Michael R./ Losey, S.R./ Meisinger, D.U. (Hrsg.) The future of human resource management, Hoboken (New Jersey) S. 144-152

Lee, D. (2006) All aboard! Does your onboarding process lead to employee engagement or buyer's remorse? In: Insights, 3/2006, S. 37-40

Liden, R. C., Sparrowe, R. T., & Wayne, S. J. (1997) Leader-member exchange theory: The past and potential for the future. Research in Personnel and Human Resources Management, 15, 47–119.

Lord, R.G./ Brown, D.A. (2004) Leadership processes & follower self-identity. Mahwah, NJ

Luhmann, N. (1964) Funktion und Folgen formaler Organisation, Berlin

Maier, N. (2008) Erfolgreiche Personalgewinnung und Personalauswahl, Zürich

Meglino, B.M./ DeNisi, A.S./Ravlin, E.C. (1993) Effects of previous job exposure and subsequent job status on the functioning of a realistic job preview. In: Personnel Psychology, 46, S. 803–822

Mentzel, R. (2008) Personalentwicklung, München

Mercer Delta Consulting (2006) Executive Onboarding – Research Summary of Effective Practices, Online im Internet, www.ivey.uwo.ca/Executive/Tal_Dev/Presentations/Executive_Onboarding_Dec0 6.pdf, Stand 15.6.2009

Mess, F. (2008) Sport und Sozialisation: Wege zur Integration neuer Beschäftigter in Betrieben (Dissertation) Schorndorf

Morrison, E.W. (1993) Newcomer information seeking: Exploring types, modes, sources and outcomes. In: Academy of Management Journal, 36, 557-589

Morse, B.J./Popowitch, P.M.(2009) Human Resource Management Review Volume 19, Issue 1, March 2009, S.1-8

Neuberger, O. (1994) Personalentwicklung, 2. Aufl., Stuttgart

o. V. (2007) How to take the reins at top speed. In: Business Week, 5.2.2007

Petersen, D. (2007) Integration richtig managen. In: Personalmagazin, 8, S. 26-29

Porter, L. W./ Lawler, E. E./ Hackman, J. R. (1975) Behavior in organizations, Tokyo

Reicher, S.D./Hopkins, N. (2001) Self and nation: Categorization, contestation and mobilisation, London

Reinhold, T. (2009) Personalmanager als „administrative Autisten". Frankfurter Allgemeine Zeitung, Frankfurt, 25.3. 2009

Robinson, S.L./Rousseau, D.M. (1994) Violating the psychological contract : Not the exception but the norm. In: Journal of Organizational Behavior, 15, s. 668-681

Saks, A.M./Ashforth, B.E. (1996) Proactive socialization and behavioural self-management. In: Journal of Vocational Behavior, 48, S. 301-323

Schanz, G. (1977) Grundlagen der verhaltenstheoretischen Betriebswirtschaftslehre, Tübingen

Schanz, G. (1988) Erkennen und Gestalten. Betriebswirtschaftslehre in kritisch-rationaler Absicht, Stuttgart

Schanz, G. (1990) Die Betriebswirtschaftslehre als Gegenstand kritisch-konstruktiver Betrachtungen, Stuttgart

Schanz, G. (2000) Personalwirtschaftslehre, 3. Aufl., München

Schein, E. H. (1964) How to break in the college graduate, Harvard Business Review, 42, S. 68-76

Scherm, E. (1995) Hat die Personalabteilung noch Zukunft?. In: Personal, 47 (12) S. 643-647

Schreyögg, A. (2003) Coaching, 6. Aufl., Frankfurt am Main

Seibert, S.E.,/Sparrowe, R.T.,/Liden, R.C. (2003) A group exchange structure approach to leadership in groups. In: C.L. Pearce and J.A. Conger (Hrsg.) Shared leadership: Reframing the hows and whys of leadership, Thousand Oaks, CA, S. 123-146

Shamir, B./Zakay, E./Breinin, E./Popper, M. (1998) Correlates of charismatic leader behavior inmilitary units: Subordinates' attitudes, unit characteristics, and superiors' appraisals of leader performance. In: Academy of Management Journal, 41, S. 387-409

Shamir, B./Zakay, E./Breinin, E./Popper, M. (2000) Perceived combat readiness as collective efficacy: Individual- and group-level analysis. In: Military Psychology, 12, 105-119

Spinner, H.F. (1971) Pluralismus als Erkenntnismodell, Frankfurt am Main

Stiefel, R. T. (1979) Planung und Durchführung von Induktionsprogrammen, München

Storey, J. (1995) Human resources management – a critical text, New York

Ströker, D. (2007) Einarbeitung neuer Mitarbeiter. Integration in die betriebliche Praxis, Berlin

Terpitz, K. (2008) Führungskräfte: Blutige Nasen in der Neuen Welt, Handelsblatt, Düsseldorf, 30.9.2008

Thom, N./Nadig, P. (1993) Organisation des Personalwesens: eine betriebswirtschaftliche Analyse. In: Grenzen im Personalmanagement, hrsg. v. Jan S. Krulis-Randa und Peter Benz. Bern, Stuttgart, Wien, S. 83-97

Ulrich, P./Fluri, E. (1988) Management (5. Aufl.) Bern, Stuttgart

Van Dierendonck, D./LeBlanc, P.M./Van Breukelen, W. (2002) Supervisory behavior, reciprocity and subordinate absenteeism. In: Leadership & Organization Development Journal, 23(2) S. 84-92

Van Knippenberg, D. (2000) Work motivation and performance: A social identity perspective. In: Applied Psychology, 49, 357-371

Van Maanen, J./ Schein, E. H. (1979) Toward a theory of organizational socialization. In: Research in Organizational Behavior, 1, S. 209-264

Verfürth, (2008) Einarbeitung, Integration und Anlernen neuer Mitarbeiter. In: R. Bröckermann, M. Müller-Vorbrüggen (Hrsg.) Handbuch Personalentwicklung, Stuttgart,, S. 132-150

Wagner, D. (1994) Personalfunktion in der Unternehmensleitung: Grundlagen, empirische Analyse, Perspektiven. Wiesbaden

Wanous, J.P. (1980) Organizational entry: Recruitment selection, and socialization of newcomers, Reading, MA

Wanous, J.P./Reichers, A.E./Malik, S.D. (1984) Organizational socialization and group development: Toward an integrative perspective. In: Academy of Management Review, 9, S. 670-683

Weibler, J. (1994) Führung durch den nächsthöheren Vorgesetzten. Wiesbaden

Weibler, J. (2001) Personalführung, München

Weitz, J. (1956) Job expectancy and survival. In: Journal of Applied Psychology 40, S. 245–247.

4207017R00029

Printed in Germany
by Amazon Distribution
GmbH, Leipzig